比林定律：
注重表达，绝不犹豫

刘悦琳◎主编

黑龙江美术出版社

图书在版编目（CIP）数据

比林定律：注重表达，绝不犹豫 / 刘悦琳主编 . -- 哈尔滨：黑龙江美术出版社，2019.5

ISBN 978-7-5593-4938-5

Ⅰ . ①比… Ⅱ . ①刘… Ⅲ . ①心理交往－语言艺术－通俗读物 Ⅳ . ① C912.13-49

中国版本图书馆 CIP 数据核字（2019）第 090388 号

书　　名 / 比林定律：注重表达，绝不犹豫
BILIN DINGLÜ ZHUZHONG BIAODA JUEBU YOUYU
主　　编 / 刘悦琳
责任编辑 / 李文博
出版发行 / 黑龙江美术出版社
地　　址 / 哈尔滨市道里区安定街 225 号
邮政编码 / 150016
发行电话 /（0451）84270524
网　　址 / www.hljmscbs.com
经　　销 / 全国新华书店
印　　刷 / 永清县晔盛亚胶印有限公司
开　　本 / 880mm × 1168mm　1 / 32
印　　张 / 7
版　　次 / 2019 年 6 月第 1 版
印　　次 / 2019 年 6 月第 1 次印刷
书　　号 / ISBN 978-7-5593-4938-5
定　　价 / 32.80 元

前　言

“人在一生中所遇到的麻烦，有一半是由于太快说‘是’，太慢说‘不’，造成的。”这句话是美国幽默大师比林的名言。而比林定律也由此而来。“是”与“不”简简单单的两个字，却给我们带来了无法想象的困扰。在日常生活中，我们常常因为害怕拒绝别人或者是因为顾全面子，而非常违心的将本意的“不”字压在心底，将根本不想说出口的“是”字吐露出来。

而这样做的结果就是，打乱自己的计划和安排，使自己的工作与生活陷入被动。长此以往，将无法享受给予和付出的真正快乐，以至于正常的人际交往与互动都沦为了负累。而导致这样结果的根本原因就是自己无法说出“不”字而造成的。

比林定律在我们的日常生活中有着极其重要的作用和意义，教导我们：学会在恰当的时机，选择恰当的方式表达拒绝的意愿，让我们的人生会轻松很多。与此同时还明确告诉我们在人与人的交流过程中，如果一方没有否决权，那么他的发言权也很容易被剥夺；对不该让步的事不让步，别人反而更容易给你让步的道理。

勇于否决与不让步，做一个掌握比林定律的人，会让你的人生变得更加轻松，让你的生活变得更加美好。

目 录

第一章 注重表达，化劣势为优势

第二章 注重表达，注意说话环境和场合

第三章　注重表达，搞清楚说话对象

第四章　注重表达，让你的话更有说服力

第五章　注重表达，该怎样照顾对方的面子

第六章　注重表达，说话要投其所好

第七章　注重表达，难以开口的话巧妙说出来

第八章　注重表达，轻松从尴尬中走出来

第九章　注重表达，三言两语打动人心

第一章

注重表达，化劣势为优势

说话要有分寸

人与人之间沟通，懂得如何说话、说些什么话、怎么把话说到对方心坎里，这些都很重要。

西汉初年，汉高祖刘邦打败项羽，平定天下之后，开始论功行赏。这可是攸关后代子孙的万年基业，群臣们自然当仁不让，彼此争功，吵了一年多还吵不完。

汉高祖刘邦认为萧何功劳最大，就封萧何为侯，封地也最多。但群臣心中却不服，私底下议论纷纷。

封爵受禄的事情好不容易尘埃落定，众臣对席位的高低先后又起争议，许多人都说："平阳侯曹参身受七十处伤，而且率兵攻城略地，屡战屡胜，功劳最多，应当排他第一。"

刘邦在封赏时已经偏袒萧何，委屈了一些功臣，所以在席位上难以再坚持己见，但在他心中，还是想将萧何排在首位。这时候，关内侯鄂君已揣测出刘邦的心意，于是就顺水推舟，自告奋勇地上前说道：

"大家的评议都错了。曹参虽然有战功，但都只是一时之功。皇上与楚霸王对抗五年，时常丢掉部队，四处逃避，萧何却常常从关中派员填补战线上的漏洞。楚、汉在荥阳对抗好几年，军中缺粮，也都是萧何辗转运送粮食到关中，粮饷才不至于匮乏。再说，皇上有好几次避走山东，都是靠萧何保全关中，才能顺利接济皇上的，这些才是万世之功。如今即使少了一百个曹参，对汉朝有什么影响？我们汉朝也不必靠他来保全啊。你们又凭什么认为一时之功高过万世之功呢？所以，我主张萧何第一，曹参居次。”

这番话正中刘邦的下怀，刘邦听了，自然高兴无比，连连称好，于是下令萧何排在首位，可以带剑上殿，上朝时也不必急行。而鄂君因此也被加封为“安平侯”，得到的封地多了将近一倍。他凭着自己察言观色的本领，能言善道，舌灿莲花，享尽了一生荣华富贵。

说话，要懂得什么时候说什么话；说了，还要为自己说过的话负责。一个人如果不是真材实料，如果没有真知灼见，从他嘴里吐出来的话也许能一时吸引他人，却不能一世蒙蔽他人。

说话要有分寸，分寸拿捏得好，很普通的一句话，也会平添几许分量，话少又精到，给人感觉深思熟虑。而说话的分寸取决于谈话的对象、话题和语境等诸多因素。换句话说，要言之有度。

有度的反面则是失度，什么叫作“失度”呢？一般说来，对人出言不逊，或当着众人之面揭人短处，或该说的没说，不该说的却都说了，这些都是“失度”的表现。下面我们就简要介绍一些在谈话中禁忌的话题，接触这些话题容易导致谈话“失度”，产生不良效果。

1. 随意询问健康状况

向初次见面或者还不相熟的人询问健康问题，会让人觉得你很唐突，当然如果是和十分亲密的人交谈，这种情况不在此列。

2. 谈论有争议性的话题

除非很清楚对方立场，否则应避免谈到具有争论性的敏感话题，如宗教、政治、党派等易引起双方抬杠或对立僵持的话题。

3. 谈话涉及他人的隐私

涉及别人隐私的话题不要轻易接触，这里包括年龄、东西的价钱、薪酬等，容易引起他人反感。

4. 个人的不幸

不要和同事提起他所遭受的伤害，例如他离婚了或是家人去世等。当然，若是对方主动提起，则要表现出同情并听他诉说，但不要为了满足自己的好奇心而追问不休。

5. 讲一些不同品味的故事

一些有色的笑话，在房间内说可能很有趣，但在大庭广众之下说，效果就不好了，容易引起他人的尴尬和反感。

在人际交往中，谈话要有分寸，认清自己的身份，适当考虑措辞。哪些话该说，哪些话不该说，应该怎样说才能获得更好的交谈效果，是谈话应注意的。

同时还要注意讲话尽量客观，实事求是，不夸大其词，不断章取义。讲话尽量真诚，要有善意，尽量不说刻薄挖苦别人的话，不说刺激伤害别人的话。

一定要掌握好火候

把握说话的火候，主要就是把握说话的分寸。说话分寸的把握，我们在上文中已经讲了不少，现在着重讲一下在社交场上，如何在自己的上司面前说话，这是人际关系中一门重要的学问。我们如果能很好地把握好与上司说话的火候，前程与事业上的一些难题，自然会迎刃而解。

生活中，我们有时在上司面前说错了话，虽不至于掉脑袋，但后果却也会很糟糕。

上司毕竟不像一般同事。何况一般同事之间也应该注意分寸，说话不能太无所顾忌。与上司相处，平时说话交谈、汇报情况时，都要多加注意。特别是一些让上司不快的话，就更要小心把握。如：

“不行吗？没关系。”这话是对上司的不尊重，缺少敬意。退一步来讲，也是说话不讲方式方法，说了不该说的话。

“无所谓，都行。”这句话会让上司认为你感情冷漠，不懂礼节。

“您不清楚？”这句话就是对熟悉的朋友也会造成很大的伤害，对上司说这样的话，后果更加严重。

“有劳了。”这句话本来应该是上级对下级表示慰问或犒劳时说的，下级如果对上级这样说，后果似乎不太妙。不小心说错了话如何补救呢？在上司面前说错了话，一旦反应过来，要立即就此打住，马上道歉。不要因害怕而回避，应面对事实，尽量避免伤害对方的人格和面子，必要时可以再进行说明，而不必要的辩解只会越描越黑。

不经意地说："太晚了。"这句话的意思是嫌上司动作太慢，以至于快要误事了。在上司听来，肯定有"干吗不早点"的责备意味，你看这话能说吗？

"这事不好办。"上司分配工作任务下来，而下级却说"不好办"，这样直接地让上司下不了台，一方面说明自己在推卸责任，另一方面也显得上司没远见，让上司没有面子。

"您真让我感动。"其实，"感动"一词是上级对下级的用法，例如说："你们工作认真负责不怕吃苦，我很感动。"而晚辈对长辈或下级对上级用"感动"一词，就不太适当了。尊重上司，应该说"佩服"。如："经理，我们都很佩服您的果断。"这样才算比较适当。

另外，过度客气有时反而会招致误解。和上司说话应该小心谨慎，顾全大体。但顾虑过多则适得其反，容易遭受误解。所以应该善于妥善处理，以平常心去应付，习惯成自然，对这类情况就可以应付自如了。有时越是谨慎小心，反而越容易出错，而一旦被上司误认为没有魅力，自然就得不到重用。

学会去把控程度

世间没有绝对的对错好坏，凡事能够把握分寸，就是一种智慧。在夸赞别人这个问题上同样存在分寸拿捏不同，后果也不同的现象。如果赞美得当，那就是一种美德，但是不得当的赞美成为阿谀，难免遭人轻视。把握赞美的分寸十分重要。赞美能赢得友谊。赞美如花香，芬芳而宜人，能以赞美之言予人者，必得人缘，所以和人相处，最重要的就是赞美。基督教唱赞美诗，佛教唱炉香赞，神、佛也要人赞美，何况一般人呢。尤其当一个人灰心的时候，一句鼓励的话，能令他绝处逢生；当别人失望的时候，一句赞美的话，能使他重见光明。要想获得友谊，诚心地赞美别人，必定能如愿。

莎士比亚说过："我们得到的赞扬就是我们的工薪。"从这个意义上说，每个人都是别人"工薪"的支付者。你也应该慷慨地把这种"工薪"支付给你的朋友。我们平时听到的最多的牢骚是什么？不是"太累了"或"太苦了"，而是"干了这么多，谁也没有说个好字"。这类的牢骚很能说明一个问题，即人们需要得到"工薪"，而应付"工薪"的人又太吝啬了。有人说，赞扬是一笔投资，只需片刻的思索就能得到意想不到的回报。这话有些道理，但似乎又含有太多的实用主义的味道。赞扬不应该仅仅为了报酬，它还是沟通情感、表示理解的方式，如同微笑一样，也是照在人们心灵上的阳光。

马克·吐温说“靠一句美好的赞扬我们能活上两个月”。这里所说的赞美，是指诚心诚意、真真实实的赞美，而不是虚伪的应酬话，也不是言不由衷的阿谀之辞。

阿谀会遭人轻视。做人要“日行一善”，其实日行一善并不难，赞美别人也是行善。但赞美不同于阿谀，阿谀是一种虚伪的奉承，所谓“好阿谀则是非之心起”，所以做人宁容谏诤之友，勿交阿谀之人，被人批评不可怕，受人阿谀才可畏。有的人赞美不当，成了逢迎拍马、阿谀奉承，也会受人轻视，因此做人不要阿谀谄媚，也要避免不当的赞美。

赞美和阿谀最大的区别在于出发点的不同。赞美一般是符合客观实际情况的，而阿谀往往是夸大其词。在日常交际中，要多一些真心诚意的赞美，少一些阿谀，这样最终会给你带来好名声。

1671年5月，伦敦发生了一起举世震惊的盗窃案，一伙盗贼潜入伦敦市郊马丁塔，想要抢走英国“镇国之宝”——国王皇冠。因消息走漏，盗贼束手就擒。英王查理二世得知此事，非常震惊，决定亲自审问这些胆大包天的狂妄之徒。于是，罪大恶极的首犯布勒特被押到了国王面前。查理二世看着眼前这位其貌不扬的人，心中暗想：我倒要看看此人究竟有何能耐，居然敢盗国宝，想到这里，便开口问道：“听说你还有男爵的头衔？”“是的，陛下。”布勒特老实地回答。“我还听说你这个头衔是诱杀了一个叫艾默思的人而得来的。”“陛下，我只是想看看他是否配得上您赐给他的那个高位，要是他轻而易举地被我打发掉，陛下就能挑选一个更适合的人来接替他。”查理二世沉思了一会儿，觉得布勒特不仅胆大包天而且口齿伶俐。于是又厉声问道：“你胆子越来越大，竟然敢来盗我的王冠?”“我知道我这个举动太狂妄了，但是，陛下，我只是想以此来提醒您关心一下我这个生活无依无靠的老兵。”“哦，什么？你并不是我的部下。”“陛下，我从来不曾对抗过您，现在天下太平，所有的臣民不都是您的部下？我当然也是您的部下。”说到这里，查理二世觉得布勒特更像是个无赖，“那你说吧，该怎么处理你?”“从法律的角度说，我们应当被处死。但是，我们五个人每一位至少会有两位亲属为此而落泪。从陛下您的角度看，多十个人赞美总比多十个人落泪好得多。”查理二世没有想到他会如此回答，接着又问：“传说中你是个劫富济贫的英雄，你觉得自己是个勇士还是懦夫?”“陛下，我没有一个地方可以安身，到处有人抓我，去年我在家乡搞了一次假出殡，希望大家以为我死了而不再追捕我，这不是一个勇士的行为。因此，尽管在别人面前我是个勇士，但在陛下的权威面前我是个懦夫。”这番强词夺理的辩解竟然让查理二世大悦，最后竟赦免了布勒特。

人总是喜欢别人奉承的。有时，即使明知对方讲的是奉承话，心中还是免不了会沾沾自喜，这是人性的弱点。一个人受到别人夸赞，绝不会觉得厌恶，除非对方说得太离谱了。

当一个人听到别人的赞美话时，心中总是非常高兴，脸上堆满笑容，口里连说：“哪里，我没那么好，你真是很会讲话。”即使事后冷静地回想，明知对方所讲的是赞美话，却还是抹不去心中的那份喜悦。因此，“说赞美话”是与人交际所必备的技巧，“赞美”话说得得体，会使你更讨人喜欢。“赞美”别人首要的条件，是要有一份诚挚认真的态度。言辞会反映一个人的心理，因而有口无心，或是轻率的说话态度，很容易被对方识破，而产生不快的感觉。“赞美”别人时也不可讲出与事实相差十万八千里的话。例如，你看到一位表情呆滞的孩子，却对他的母亲说：“你的小孩看起来很聪明。”对方的感受会如何呢？本来是赞美话，却变成很大的讽刺，收到了相反的效果。若你说：“你的小孩子好像很健康。”效果就会好些。所以，“赞美”别人要坦诚，这样，你所说的赞美话，会成为真正夸赞别人的话，对方听在耳中，感受自然和听一般赞美话不同。

要有适当的称呼

称呼是指人们在正常交往应酬中，彼此所采用的称谓语。在日常生活中，称呼应当亲切、准确、合乎常规。正确适当的称呼，体现了对对方的尊敬或与对方的亲密程度，也反映了自身的文化素质。

在社交中，人们对称呼是否适当十分敏感。尤其是初次交往，称呼往往影响交际的效果。有时因称呼不当会使交际双方发生感情上的障碍。不同年龄、国家、地区、社会集团之间都有不同的称呼。

有时候，称呼别人不是为了满足自己，而是为了满足别人。试想遇到一位朋友，最近被提升了主任，当时就先跟他打招呼："主任，真想不到能在这儿见到你。"如果他听到你跟他打招呼，就会显得格外高兴。甚至你会发现，虽然平时他是个不大健谈的人，但那天却显得很健谈。

瑞典国王卡尔·哥史塔福访问旧金山，一位记者问国王希望自己怎么被称呼。他答道："你可以称呼我为国王陛下。"这是一个简单明了的回答。

称呼不仅仅是一种礼貌，不论我们如何称呼别人，这其中最主要的是要传达这样的意思："你很重要""你很好""我对你很重视"。

使用称呼还要注意主次关系及年龄特点。如果对多人称呼，应以先长后幼、先上后下、先疏后亲的顺序为宜。如在宴请宾客时，一般以先董事长及夫人，后随员的顺序为宜。在一般接待中要按女士们、先生们、朋友们的顺序称呼。使用称呼时还要考虑心理因素。如有的人30多岁还没有结婚，就称其为“老张、老李”，会引起对方的不快。对没有结婚的女人称“太太、夫人”，她一定很反感，但对已婚的年轻女人称“小姐”，她一定会很高兴。

此外，称呼应该根据社会习惯来进行，例如称呼一般分为职务称、姓名称、职业称、一般称、代词称、年龄称。职务称：经理、科长、董事长、医生、律师、法官、教授等；姓名称：一般以姓或姓名加“同志、先生、女士、小姐”等；职业称：是以职业为特征的称呼。如上尉同志、秘书小姐、服务小姐等；一般称：太太、女士、小姐、先生、同志、师傅等；代词称：用代词“您”“你们”等来代替其他称呼；年龄称：主要是以亲属名词“大爷、大妈、伯伯、叔叔、阿姨”等来相称；对工人：比自己年龄长的可称“老师傅”，与自己同龄或小于自己的人可称“同志、小同志、师傅、小师傅”；对农民：比自己年长的可称“大伯、大娘、大妈”，与自己同龄或小于自己的人可称“同志”，在北方也可称“大哥、大姐、老弟、小妹”等；对经济界人士：可用“先生、女士、小姐”等相称，也可用职务相称，如“董事长、经理、主任、科长”等；对知识界：可以用职业相称，如教授、老师、医生（大夫），还可以用“先生、女士、太太”等相称；对文艺体育界：可用职务称，如“团长、导演、教练、老师”等，对于一般的演职员、运动员，就不能称“演员”或“运动员”，而要称呼“先生”或“小姐”。

最后对自己的亲属，一般应按约定俗成的称谓称呼，但有时为了表示亲切，不必拘泥于标准的称谓。但对外人称呼自己的亲属，要用谦称。称自己长辈和年龄大于自己的亲属，可加“家”字，如“家父”“家母”“家兄”等。称辈分低的或年龄小于自己的亲属，可加“舍”字，如“舍弟”“舍妹”“舍侄”等。至于称自己的子女，可称“小儿”“小女”等。

适当的称呼是人际关系的关键，正所谓“各就其位，再行言谈”，方能事半功倍。

不能开玩笑过度

几个好朋友聚在一起时，大家开开玩笑，相互取乐，说话不受拘束，原是一件让人高兴的事。不过凡事有利也有弊，乐极生悲，因开玩笑而使朋友不快的事情也常常遇到。因此，有的人认为谈话时开玩笑应该避免。其实这大可不必。如果好朋友见面连开玩笑的话也不许说，那么生活也未免太乏味了。生活中我们真正要注意的是开玩笑的方法，即不开过头的玩笑。

开玩笑之前，你先要注意你所面对的对象是否能受得起你的玩笑。一般来讲人可分为三类：第一类，狡黠聪明。第二类人，敦厚诚实。第三类，则介乎两者之间。对第一种人，即狡黠聪明的人开玩笑，他不会使你占便宜的，结果是旗鼓相当，不分高下。第二种，敦厚诚实者，则无还击之计，亦无抵抗之力，这种人喜欢和大家一齐笑，任你如何把他取笑，他脾气绝好，不会动怒。对第一、二种人，你可以看看对方的情形，而知道能否开玩笑。唯有介乎两者之间的那种人，最应认真对待。这种人大概也爱和别人笑在一起，但一经别人取笑时，既无立刻还击的聪明机智，又无接纳别人玩笑的度量，如果是男的则变为恼羞成怒、反目不悦，如果是女的就独自痛哭一顿，说是受人欺侮。所以开玩笑之前，要先认识对方，最为安全。其次，要适可而止。开玩笑，一两句说过便完了，不要老是开一个人的玩笑，也不要连续开好几个人的玩笑，不然你必招来非议。

开玩笑本来是一种调解谈话气氛的良好方式，但使对方太难堪了，亦非开玩笑之道。你笑你的同学考试不及格，你笑你的朋友怕老婆，你笑你的亲戚做生意上了当而蚀本，你笑你的同伴在走路时跌了跤……这些都是需要同情的事件，你却拿来取笑，不仅使对方难于下台，且表现出你的冷酷。同样地，不可拿别人生理上的缺陷来做你开玩笑的资料，如斜眼、麻面、跛足、驼背等等，别人不幸的，你应该给予同情才是。如果在谈话的人中，有一位在生理上有缺陷，那么在谈话中，最要避免易使人联想到缺陷方面去的笑话。

例如：有一天，几个同事在办公室聊天，其中有一位李小姐提起她昨天配了一副眼镜，于是拿出来让大家看看她戴眼镜好看不好看。大家不愿扫她的兴都说很不错。这时，同事老王因此事想起一个笑话，便立刻说出来："有一个老小姐走进皮鞋店，试穿了好几双鞋子，当鞋店老板蹲下来替她量脚的尺寸时，这位老小姐是个近视眼，看到店老板光秃的头，以为是她自己的膝盖露出来了，连忙用裙子将它盖住，立刻她听到了店老板发出的闷叫：'保险丝又断了？'"

接着是一片哄笑声，谁知事后竟从未见李小姐戴过眼镜，而且碰到老王再也不和他打一声招呼。

其中的原因不说自明。说者无心，听者有意，在老王来想，他只联想起一则近视眼的笑话。

然而，李小姐则可能这样想：别人笑我戴眼镜不要紧，还影射我是个老小姐。

所以，说笑话要先看看对哪些人说，先想想会不会引起别人的误会。像上例的老王严重地伤了一个人的自尊，却是他始料不及的。

说话不能“直肠子”

我们在与人交往中，常常会听到这样的话：“我这人是个直脾气，说错了你别见怪。”乍一听挺真诚，其实仔细推究起来，不免包含了另外一种意味，即给自己说错话或可能说错话开脱。那么既然有开脱之嫌，时间一长，难免会被听者窥破。这样一来，即使你当时确是无心之失，但还是会被对方误解，从而产生芥蒂。

因此，在我们日常谈话中，有时因为环境、气氛、心理等因素，有些内容不便直接说出来，要用婉转的语言来表达，即俗话说的转着弯说，就可以避免给对方造成不良刺激而破坏谈话的情绪，防止谈话无法进行下去。委婉又称婉曲、婉转，即说话者不直说本意，只是用婉曲含蓄的话来烘托暗示。

委婉和含蓄是紧密相连的，并非花言巧语，它是一种富于智慧、独具魅力的表达技巧，是为某种需要而采用的变通的办法。培根说：“含蓄和得体，比口若悬河更可贵。”说明某些问题，适应某种场合，含蓄委婉地说话比直来直去让人受用得多。鲁迅有个叫川岛的日本学生，由于谈恋爱浪费很多时间，鲁迅为了提醒他，在送他的书上写道：

请你从“情人的拥抱”里，

暂时伸出一只手来，

接受着干燥无味的，

《中国小说史略》。

鲁迅的题词是含蓄的批评、含笑的提醒，不露声色而又意味深长。看到这样的赠言，必然会在一笑之余陷入深思和反省。

1984 年，年过七旬的里根和年轻的蒙·代尔竞选总统。里根发表竞选演说时，有记者问："你不认为在这次选举中年龄会成为问题吗？"里根回答："我不打算利用我对手的年轻和阅历不深这一弱点。"

记者和里根的话都有"潜语"，记者认为里根年纪大了；里根认为我有经验。短短一句话，既扬己之长，又揭人之短，既毫不留情，又委婉客气。

据说，某个企业家飞赴香港创办实业公司时，受到各方重视，一下飞机就有记者采访。一位女记者问他："你带了多少钱来？"企业家随口便答："对女士不能问岁数，对男士不能问钱数。小姐，你说对吗？"含蓄回避，而又幽默俏皮，比之"支支吾吾""哼哼哈哈"地来掩饰，或用"恕我直言，无可奉告"来拒绝，效果明显要强上百倍。

别只顾着自己一个人说话

社交中的说话，同站在教室中教课或是站在演讲台上演说有很大不同。教课和演说，只有你一个人在说话，别人不能插嘴。而社交中的说话，彼此在对等的位置，如果在这种谈话中，你一个人一直滔滔不绝如高山瀑布，永不停止地倾泻着，那对方就没有说话的机会，完全是你说人听了，这样的你肯定不会受人欢迎，甚至会被别人耻笑。

世界著名记者麦开逊说："不肯留神去听别人说话，是不受人欢迎的第一表现。"

每一个人都有着他自己的表现欲的，如几个人聚在一起讲述故事，甲一个一个地讲了好几个了，乙和丙都是嘴痒痒的，也想来讲述一两个。可是，甲只管滔滔不绝地一个一个地讲下去，使乙和丙想讲而没有机会讲。我们试想一下，乙和丙的心里一定不好受。因为他们自己没有说话的机会，专门听甲讲话，自然会没有精神听下去，只好站起来不欢而散了。

一个商店的售货员，拼命地称赞他的货物怎样好，而不给顾客说话的机会，就不能做成这位顾客的生意。因为你巧舌如簧、天花乱坠地说话，顾客顶多只把你看作一个生意经，决不会因此购买。反过来，你只有给顾客有说话的余地，使他对货物有询问或批评的机会，双方形成讨论和商谈才有机会做成你的生意。

一位钢铁大王说："倾听是我们对任何人的一种至高的恭维。"心理学家杰克·伍德说："很少人能拒绝接受专心注意、倾听所包含的赞美。"所以说，要注意倾听别人的讲话，而"倾听"本身就是一种"无言的赞美和恭维"。

你如果能够给别人有说话的机会，你也就给人留下了一个好印象，在接下来的交谈中你就更容易乘风远扬、顺利抵达自己说话的目的地。有这样一个小故事，有一个卖货的小店，生意比其他店好，别人问他为什么，他说："我只是爱听客人说话，他们有事愿到我这儿来。"

感情要掌握一定的度

感情是说话中的必备，但一定要讲究“度”。人有时非常感性，容易冲动，如果不对感情加以自我控制，正所谓“过犹不及”，任凭情感泛滥，会让人厌恶，显得虚伪轻浮。心理学家卡洛·塔维斯说：“不仅应该认识坦白之必要，而且要知道什么时候才应该坦白，坦白到什么程度。”不分对象、不顾场合的真情流露是要付出非常昂贵的代价的。

苏联已故领导人赫鲁晓夫曾在联合国大会上做过一次演说，感情充沛，内容丰富，本应收到很好的效果。可他在激动之中忘乎所以，竟脱下一只鞋拿在手里，代替手掌在讲台上使劲拍打，一时全场哗然。无独有偶，在第二次世界大战时，滑稽演员卓别林曾受邀去华盛顿作抗击法西斯公债募购演说，听众人山人海，卓别林也情绪激昂。由于他过于兴奋，竟从临时搭起的讲台上滑了下来。这还不说，他又一手抓住身边一位女明星，观众为之哗然，庄严肃穆的募捐险些成为一场闹剧。

无论有声语，还是势态语，都讲求自然、简明，富于变化，与情感的表达相宜适度。“不及”与“过度”都是不可取的，甚至是失败的。

谦虚是一种美德，是一个人涵养的外化。古往今来，人们给予它崇高的赞美。

谦虚之所以受到尊崇，就因为它是做人做事成功的法宝。但是在现实生活中，谦虚也并非想做就能做到。有的人得到领导的表扬、同事的夸奖，内心着实想谦虚一番，却寻找不到适当的表达方法。要么手足无措，面红耳赤，支支吾吾，要么说一些空话、套话，听起来让人觉得不接“地气”很虚假。

那么，在社交场合，不同的时间，不同的环境，不同的氛围，如何用不同的方式表达自己的谦虚，才能给人留下一个良好的印象呢？

1. 转移对象

如果表扬或赞美使你感到在众人面前窘迫的话，你不妨想办法转移人们的注意力，使自己巧妙地“脱身”，把表扬或赞美的对象“嫁接”到别人的身上，但要有所依据，不然也会显得空和假。

2. 妙设喻体

直言谦虚，固然可取，但弄不好会给人一种虚假的感觉。特别是两个人之间，如果仅仅说“你比我强多了”这类话，容易有嘲讽之嫌。遇到这种情形，你不妨用一个比喻方式，巧妙地表达自己的谦虚。

3. 自轻成绩

任何称赞和夸奖，都不可能毫无缘由，或者因为某件事，或者因为某方面的成绩。这时你不妨像绘画一样，轻描淡写地勾勒一笔，却在淡泊之中见神奇。

4. 相对肯定

面对别人的称赞，如果把自己说得一无是处，不但起不到谦虚的作用，反倒给人一种傲慢的感觉。正如俗话所说：“过分的谦虚等于骄傲。”现实生活中，类似这样的情况屡见不鲜。所以，谦虚要掌握一定的分寸。

5. 征求批评

面对人们的赞美，诚恳地征求大家的批评，这是表现你谦虚精神的一种最有效的方法。但要注意适当适度，不然虚心也就变成了虚假。

我们在社交生活中，可以根据不同的场合、不同的环境、不同的交际对象，去不断创造自我，虚心学习。

只要虚心而诚挚，努力追求谦虚的品格，在谈话时保持平和坦诚的态度，尊重对方，就一定会成为一个受人敬重的人，说话的分量也会相应增加。

第二章

注重表达，注意说话环境和场合

说话要分清场合

“说话的时候看看场合”是说你在表达情感和沟通交流的时候，要多考虑你所说的话是否与当时的情景相匹配。通过揣摩每个人的心理，预测表达出来的结果，再做判断，在适合的场合说适合的话。

很多年轻人涉世未深，说话的时候不看场合，逞一时口舌之快，话说出来了又开始后悔了。可是，世上往往没有后悔药，唯一能让你不后悔的就是在说话之前多看看场合。有些话有些场合能说，有些场合却不能说。在适合的场合表达能给你带来荣耀，在不适合的场合表达或许会让你陷入尴尬，甚至还会因此而得罪他人，给自己带来不必要的麻烦。那么，怎样判断什么场合该说什么话呢？

1. 提意见的话要私下说

通常情况下，当你批评别人，或者给他人提意见的时候，最好不要在人多的时候说。你所表达的批评或者提出的意见，是你发现了别人的不足之处。让对方知道了会下不了台，影响对方的形象。在众人面前承认自己的不足，这需要很大的勇气。

比如，你发现对方读错了一个多音字，将不屑（Xie）一顾的“屑”读成了（Xiao），如果你私下告诉他，那么他会很感激你，如果当着别人的面说出来，他便要和你争辩一番，因为这样无疑证明了他没文化。

2．表扬的话要当着众人的面说

批评人的话要私下说，知道的人越少越好。相反，表扬的话则要当着别人的面说，知道的人越多越好。一个人受到了表扬，那么说明他身上有过人之处，知道的人越多，他得到的赞誉就越多。

比如，一个人特别的孝顺，表扬他的时候，就要大声地说，当着众人的面说。他的美名会越传越广。如果你悄悄地只对他一个人说，那么，对方的虚荣心得不到极大的满足，自然不会高兴。

3．私密话题不易让外人听

人都有自己的隐私，这些隐私如果是熟悉的朋友知道，倒也无所谓，但要是被不熟悉的人得知，那么无疑增加了对方的担忧，感觉缺乏安全感。

比如，一群女孩子在说私密话题，就不希望男人听到。夫妻之间的悄悄话就不希望其余的人听到。因此，在说话的时候，一定要看看场合是否合适。如果有男人在，作为女孩子，就不要谈及女性私密话题；如果有第三者在，夫妻间就不要说过于私密的话。

有些话适合在大庭广众之下说，有些话却适合在私密的几个人之间聊。因此，年轻人千万不要莽撞，在说话的时候，要多想想，在场的人是否适合听你所说的话，每个人听了会有什么样的感受，会给你带来什么样的影响等。这样，你才会保护自己的隐私，保护别人的秘密，你才能得到别人的喜欢，得到对方的认可。

如何区分说话的场合

简单地讲，说话的场合，就是说话时自己所处的环境，这也是我们与人谈话时需要注意的要素。

说话的目的，在和别人沟通交流，是说话者与听众之间的双边互动。只要你说的话具有一定内涵，需要听者清楚明白，甚至需要听者做出一定回应时，就必须考虑环境因素。譬如“你吃了吗”，是过去见面打招呼最常用的问候语，绝大多数情况下说这句话都没什么问题。但是，假如你和对方在厕所里面相遇，也用这句话和人打招呼，显然不妥。

每一次说话时的环境都是特定的，都会和你以前或之后说话时所处的环境不同。

说话时所处的环境，也就是说话的场合，是由多种因素综合构成，主要包括时间、地点、人物、主题等几个方面。这几个方面既有相对独立的特性，又相互紧密联系和作用，从而构成特定完整的说话场合。

一天可以划分为 24 小时，还可以划分为早、中、晚等不同的时段。不同的时段，每个人的心情可能会不一样，说话的对象、地点可能不一样，说话的主题也会不一样，因此，与其说话的技巧和方式也应该不一样。

地点，就是说话时所处的地理位置和空间环境。在家里和在公司是不一样的；在办公室和在餐桌上是不一样的；在会议室和在旷野里是不一样的；在休闲娱乐场所和在谈判桌上是不一样的。凡此种种，都应该认真区别对待，才能收到最佳的说话效果。

正如俗语说的那样："一年之计在于春，一日之计在于晨。"当新的一天开始，作为一个热爱生活、追求成功的人来说，无论自己处于什么境况，无论前一天发生过什么事情，都会以饱满的激情、昂扬的斗志、美好的憧憬去拥抱初升的太阳。

当你怀着这样的心情开始一天的新生活时，应该想到，其他人的心态和你也是相差不多。因此，早上和人说话，最重要的是不要破坏对方的良好心情。

早上出门，无论和家人告别，还是到公司和同事见面打招呼，都应该面带微笑，以良好的精神面貌感染人。话语不宜多，以相互激励为目的；即使一句话也不说，一个肯定的眼神、一个彼此默契的动作，都能起到很好的作用。

早上的时间，对每一个人都很珍贵；早上的良好情绪和状态，对所有人都很重要。如果在早上和人接触交流，无论是自己的至亲，还是关系极好的朋友，抑或公司的同事，以及合作的厂商，甚至是素不相识的人，请千万不要触了别人的"霉头"。要说就说别人听了感觉舒服的话，说别人听了会振奋精神的话。否则，一旦破坏了别人的心境和情绪，别人一天情绪不好，你也不会开心。

如果自己是公司老板或部门主管，早上开会，会议时间要尽量简短一些，讲话的内容应该精要、简明，语气要有鼓舞性，对前面大家工作中存在的问题和不足，能够不提的尽可能不提，如果非说不可，最好不要针对某个人，不要破坏每一个人的良好情绪。

如果自己是一位推销员，前去拜访客户的时候，衣着一定要大方得体，要满怀信心，把自己的情绪调整到最佳状态，用自己良好的形象感染客户，把自己良好的状态传递给客户。只要客户对你有信心，就会对你推销的产品和服务有信心，成功的可能性就会很大。要是客户拒绝，并非他对你和你推销的产品和服务完全没兴趣，可能是对方的事情太多，忙不过来。此时，请不要过多纠缠，最好礼貌告辞，约好下次见面和商谈的时间。

办公室闲谈表达有技巧

一间办公室，少则三五人，多则十多个人，每个人都成天像机器一样为了工作而运转，凡事一板一眼不开口说话，这几乎是不可能的。无论是某一个人有新鲜话题率先发起，还是大家闲来无事寻找话题，办公室里的闲谈都是不可避免的。

同一个办公室的同事，虽然彼此都不陌生，但交情的深浅差别还是存在；虽然同间办公室里的同事都是效力于同一个主体，但职位有差别、入职年限有先后、具体的利益分配也有差异。虽然同一个办公室的同事，在工作中需要相互支援和配合，需要为所属部门的业绩尽力，但是，遇到职位晋升、利益得失的时候，他们又是对手和竞争者。所以，介于同事之间如此错综复杂的关系，无论在正式会议上的讲话，还是闲来无事的聊天，说出的每一句话都应该注意。特别是刚入职不久的年轻人，更是要认真对待。

首先，不可以不说。既然大家都是同事，既然是非正式的闲谈，如果大家都在兴趣盎然地说话，唯独你一个人一声不吭，别人会认为你不合群、不会人际交往，认为你缺乏能力和自信，认为你自命清高，这样，你就不自觉地把自己置于大家的对立面。

其次，不可以乱说。虽然是非正式场合的闲谈，但有些话题可能和工作或和部门里的某一个人有关；虽然你不会把大家说的每一句话都报告给老板或部门的其他上司，但不能保证其他的人一定不会把某些话报告给老板或其他的上司。因此，不能随便说的话，一定不能说。

哪些话不能随便乱说呢？批评老板或上司个人能力和是非对错的话不能说；不在场的人的坏话不能说；牵涉个人隐私的话不能说；伤人颜面和自尊的话不能说；贬低他人、抬高自己的话不能说；捕风捉影、自以为是的话不能说；应该拿到正式会议上说的话这时不能说；可说可不说的话尽量不说。

部门会议如何沟通

不同场合，说话的内容和方式应该不一样，这就是说话的艺术。要知道在特定的场合里该怎样说话，就得清楚这个场合的具体含义。

部门会议，指的是公司里自己所属部门的会议。开会既然是正式场合，和平常的办公室闲聊不同，与下班后同事间的聚会或娱乐场合更加不同。虽然是开会，但与会人员全部是同一个部门的同事，平常大家彼此都很熟悉，没必要板着一副面孔。

如果是主管，作为联结部门和员工的桥梁和纽带，既要对部门负责，也要为员工负责。对部门负责，就是贯彻执行部门高层的决策，坚持部门高层制定的原则和方向；对员工负责，就是为员工的实际利益着想，为他们的前途和未来着想。

在自己主持的部门会议上，主管首先要尊重员工、爱护员工。从自己的衣着、神情，到说话的语气，都应该温和、平易，把自己和员工融在一起，切不可有高高在上、颐指气使的倾向。分配任务的时候，既要申明任务的重要性，更要相信大家有能力圆满完成任务。总结工作的时候，要多肯定大家的成绩，少指责大家的缺点和不足，更不可在众人面前让某一个员工难堪。即便是一定要点出工作中的缺点和不足，也要先做自我批评。如果员工对自己提出要求，能满足的尽量满足，不能满足的也不能一口回绝。最好说自己不能做主，要向更上一级的主管请示汇报后才能决定。即便是明知无果的事情，员工最后也不会责怪你了。

如果是员工，说话应该谨慎。首先，考虑清楚再说。在没有完全考虑清楚之前，最好认真听主管和其他同事说话，从他们的话语之中捕捉更多的意见和信息，以使自己的观点和主张更完整。其次，说自己该说的话，不能抢了主管的风头，不能过于表现自己，不能指责别人，不能华而不实地大放厥词。最后，说话的态度和语气要诚恳，和绝大多数人保持一致的立场，争取得到大家一致的认可。

如果是新进员工，说话要更加注意。

汇报请示如何沟通

在公司里工作，要妥善处理好和每个人的关系，特别是要妥善处理好和老板或顶头上司之间的关系。虽然同事和下属对你的看法和评价也很重要，但真正决定你在这个公司前途的人，主要还是你的老板或顶头上司。老板或顶头上司对你为人处世和工作能力的评价，直接决定着你是否能够得到升迁，也直接影响着你的薪资待遇。

想要得到老板或顶头上司的认可和肯定，汇报和请示就必不可少。而且必须讲究一定的方法和技巧。对老板或顶头上司交付的工作任务，要及时汇报进展情况。特别是较为复杂、难度较大的工作任务，更要及时汇报。

首先，无论是最终圆满完成任务，还是仅取得阶段性的成绩，都应该如实且客观地说出来，不能过分地渲染和夸大。无论你取得的成绩多么突出，无论你为取得这个成绩付出多大的艰辛努力，都不应该强调自己的功劳，而要强调是老板或顶头上司的管理有方。

其次，因为老板和顶头上司的事务繁多，能听取你汇报的时间有限，要在有限的时间里汇报清楚，语言就要言简意赅，要善于抓住主要的内容，不可漫无边际。这样既能让对方听得清楚明白，又能给对方留下精明、有能力的印象。

最后，汇报工作，要针对公司老板或顶头上司的个性特点和喜好进行。完成老板或顶头上司交付的任务要汇报，在完成任务的过程中，自己有了新的想法，要向自己的老板或顶头上司请示。等请示获得批准和许可之后，再付诸实施。

请示要有所选择。并不是你要做的每一件事情都必须向老板或顶头上司请示。只要在你职责许可权范围之内的事情，无须请示；一般的日常工作，自己完全有把握做的事情，也无须请示。否则，你事事请示，先不管老板或顶头上司有没有时间听你的请示，至少会让你在他们心目中留下缺乏主见、能力不足的印象。

上司发脾气如何应对

身在职场，想避开老板或上司发脾气极不可能。既然不能躲避、无法逃避，就只有大胆面对。其实，面对老板或上司发脾气并不可怕，可怕的是你不知道该怎样面对。

首先，绝不能使老板或上司的火气越来越大，以致完全失控。每一个人在发脾气的时候，都会情绪激动。这时候，无论以何种方式火上浇油，都会使他们的情绪更加激动、思维更加混乱，做事更加不计行为后果。这个时候，一定要冷静及忍耐。

其次，要明白老板或上司大发脾气的原因。老板或上司发脾气，肯定是有人做了不符合他们心意的事情。如果是对着你一个人发脾气，自然是认定犯错误的人是你。不管如何，只要清楚对方发脾气的原因，就能对症下药，就能平息对方心底的怒气。

如果的确是自己的过错，一定要勇敢地承认错误。态度一定要诚恳，绝不能寻找客观原因为自己辩解和开脱。那样的话，只会使对方的情绪更加糟糕。只要你勇于承认错误，态度诚恳，愿意为自己的错误承担应有的责任，并积极谋求弥补错误的办法，就一定能够得到对方的谅解。而这种积极主动的态度，也会为你争取到降低和减轻处罚的可能性。应该知道，无论是谁，只要有错，就应承担相应的责任，就应接受相应的处罚。

如果自己确实有一定的过错，但事出有因，不应该承担所有的责任。这种情况下，是否应该为自己辩解呢？回答是否定的。此时最好的办法，就是先把一切承担下来。只要能够平息对方的怒气，使对方恢复正常的思维状态，就一定有真相大白的时候。

如果自己完全没错，是对方弄错了，又该怎么办呢？同样不要和对方争辩，一切以平息对方怒气为目标。这样做，表面看来自己会受很大的委屈，甚至是被对方侮辱！但只要真相大白，你的隐忍和大度，一定会带给你超值的回报。

下属捣乱如何制止

身为一个公司或部门的管理者，都希望自己下面的人忠诚于自己、努力工作，不断创造出非凡的业绩。一般情况下，员工和下属为了自己的事业，也为了赚取满意的薪水，都会朝这个方向努力前进。然而，偶尔也会有特殊的状况出现。就在老板或上司满怀着憧憬、以为下面的员工和下属是上下一心之时，不经意间，突然发现有某一个（甚至是某一些）员工或下属对工作漫不经心，或者故意消极怠工，甚至公然和自己对抗！

最不希望发生的事情竟然在自己的眼前发生了。作为一个老板或上司，应该怎么办呢？生气是肯定的，但仅仅是生气，根本不能解决问题。是不是把这样的员工和下属叫到自己面前，大骂一顿，然后将其开除了事呢？必须承认，你有权力这样做，但这样做绝对不是解决问题的最好办法。

首先，要明白员工或下属这样做的真正原因。每一个人做每一件事都会有自己的理由，员工或下属对工作漫不经心、情绪不高，可能是自己遇到了什么不顺心的事情，消极怠工可能是对公司或部门有什么不满。无论员工采取何种行为方式，你都要冷静对待。发火无济于事，只有了解背后的原因、掌握事情的真相，才能从根本上解决问题。

其次，查明真相，发现自己的确做了让他们不满意的事情，而且做法的确欠妥，就要诚恳地向他们致歉，并在第一时间纠正自己的错误，消除他们的不满情绪。如果查明真相，发现其中谁都没有错，彼此之间只是一场误会，这种情况下，也不要过多地责怪对方，而要积极地和他们交流和沟通，从而彻底消除误会，使一切回归到正常的轨道上来。

当然也不排除另外一种情况，就是自己根本没有错，双方也根本没有什么误会，而是对方想要跳槽或有其他想法而故意找碴。这种人是否该立即开除呢？其实，一个员工有异心，虽不值得赞赏，但至少说明他并不是一无是处。要是你能真诚地和他沟通，让其回心转意，岂不是美事？就算不能使其改变初衷，通过交流沟通，使彼此成为朋友，对于自己又有什么损失呢？

下属犯错该怎么协调

必须清楚地知道，同样是下属，“犯错”和“捣乱”的性质是完全不同的。从行为后果看，下属犯错，必定会给公司或部门造成一定的损失，性质越严重，损失越大；下属捣乱，一般都不会有太大的直接损失。从行为动机来看，下属犯错，可能是经验不足，或是不够重视，一般没有主观上的故意，事后会有懊恼、悔恨的心理；下属捣乱，主观上是故意的。因为性质的截然不同，处理方法也应该有所区别。

对于犯下错误的员工或下属，训诫责罚肯定是必需的，但具体方法，应该根据犯错的原因和后果不同，而采取有针对性的训诫责罚手段。

对于因为经验不足而犯下错误的员工和下属，无论错误的性质有多么严重、造成的损失有多么巨大，没有必要过多地指责他们。无论是一个公司还是部门，都有培养员工的责任和义务，员工因经验不足而犯下错误，严格地讲，并不是一个人的责任，公司或部门都应承担相应的责任，甚至是主要的责任。再说，犯下这类错误的员工，他们的内心应该非常沮丧。因此，对待他们应该宽容一些，帮助他们认识错误的同时，更重要的是鼓励他们，使他们不再犯类似的错误。

对于疏忽大意犯下错误的员工或下属，无论性质轻重、损失大小，都应该严正地训诫责罚。一个人无论做什么事情，想要取得大成就，就必须要有严谨认真的态度、高度的责任心。类似的道理，一个公司或部门要想有长远的发展，对每一个人、每一个环节都要严格要求。这既有利于个人的成长，也有利于集体的发展。需要说明的是，严格地要求、严正地批评，不等于简单粗暴，更不是一顿责骂。最好是晓之以理、动之以情，触动其内心，让他们意识到自己的错误，并彻底改正错误。

员工和下属所犯的错误，最难让人忍受的，是自以为是而犯下的错误。如果说前两种错误都是无心之失，具有一定偶然性的话，这种错误明显具有必然性。对于这种情况，无论损失大小，训诫责罚的态度一定要严厉。

被同事误会如何沟通

被别人误会，是一件不幸的事情。明明自己没有做错事，却被冤枉，这样的事情，无论落在谁的头上，都会感觉很无奈。

有人认为，自己被别人误会，错不在自己而在对方，自己完全可以置之不理。这种观点不能说没有道理。因为事实的真相只有一个，无论别人怎么误会你，事实终有澄清的一天，到了那个时候，误会自然而然就会消除。但在现实生活中，有的误会若不能及时消除，势必会演变为一种矛盾，如果矛盾不能得到及时化解，就会造成无法挽回的损失。

比如一对原本真诚相爱的情侣，因为一个小误会没有及时消除，就有可能导致心理距离的拉大，甚至会导致两人各奔东西。即便时隔多年，真相终于大白，但两人已经难以重温旧梦，以致遗憾终生。如此空等真相大白所付出的代价，岂不是太过隆重？

同事之间，抬头不见低头见，工作上需要彼此的相互协作和帮助，如果有一点小小的误会不能及时消除，就会影响到彼此间的关系，并为各自的工作带来诸多负面影响。

要消除同事之间不必要的误会，首先，自己要有积极的态度。因为只有你知道是误会，对方却被蒙在鼓里，你要是不主动，误会就一时难以消除。

其次，积极的态度不等于草率从事。误会一旦产生，对方在心里或多或少已经有了一定的敌视观感，要是你不把握好时机，不选择适当的方式，仅一味地表白自己，极有可能让人产生进一步的误会，以为你做贼心虚，有意掩盖事实的真相。

再次，要根据对方的性格特点，选取对方容易接受的方式。既热情诚恳，又能打动对方的心。

最后，寻找有力证据。只要能够证明自己清白的证据，都可选用。

需要特别强调的是，消除同事间的误会，一方面要快速及时，积极主动；另一方面要有耐心，不能急于求成，否则，欲速则不达，只会适得其反。

宴请场合表达有门道

“宴请说话有门道”是说在请人赴宴的时候，要揣摩好对方的心思，在宴请之前要有由头，在宴会之中要学会恭维，让赴宴的人心情愉悦，最终达到宴请的目的。

生活中，很多时候我们都需要宴请别人。在宴请别人的时候，说话非常重要，这直接关系着你的宴请能否成功。或许你有事情求助别人，或许你只需要别人捧个人场，都需要把话说得悦耳动听。但是，对有些人来说，信手拈来，轻而易举；对有些人来说，却比登天还难。这是因为，在宴请的时候，说话有很多门道，关键看你会说不会说。那么，宴请别人的时候，说话有哪些门道呢？

1. 以增进感情为理由

俗话说：“吃人嘴软，拿人手短。”在请别人吃饭的时候，要以增进感情为理由。这样，对方才不会有压力，从而轻松地赴宴。

但是有一点，在宴请对方的时候，千万不要说为了某件事情而请他吃饭。即使对方也明白，但是不要说出来。否则，让别人觉得自己是为一碗饭而来，心情极为不悦。

2. 敬酒说话时要合适

吃饭的时候，难免会喝酒助兴。如果宴请的人比较多，就需要向一些德高望重的前辈或者领导敬酒，一般情况下，敬酒的时候要先敬身份比较高的人，如果是你有求于人，那么肯定要先敬对方。当然说话的时候，要表达对对方的尊敬和佩服之情，关键的时候还可以提及对方的辉煌往事，及时地把你的赞誉表达出来。

3. 客套话绝对不能少

宴请的时候，客套话是必不可少的。尽管并不表达多少含义，但是不说又会觉得少点东西。比如说对方到了，你要说“恭候大驾”或者是“热烈地期盼着”等，让对方感觉到很受尊敬的感觉。吃完饭之后，要说：“饭菜不好，要多多见谅”，这样即使对方有什么不满意，也不好意思再斤斤计较了。一般情况下，对方会对你的宴请表示感谢，这样，你也会因为收到了感谢而心满意足。

很多年轻人涉世不深，经历的事情也比较少，所以不会说场面上的话，要么把话说得太过直白，往往邀请不到别人，要么赴宴的人吃着饭，心里却不舒服。从而使得宴请对方的目的无法达到。在宴请别人的时候，一定要注意说话的方式方法，尽量把话说到对方的心坎上，让别人有理由去赴宴，在赴宴的时候吃得舒心。事实上，这也是一个人能力的体现。

婚丧嫁娶场合要注意的说话问题

“婚丧嫁娶的说话艺术”是说在婚丧嫁娶的场面上，说话的时候要有理有据，有逻辑，营造好适合的氛围，让每个人心里都舒服。从而使婚丧嫁娶得以圆满完成。

婚丧嫁娶是生活中的大事，是每个人都避免不了的。在婚丧嫁娶的时候，往往我们会请一些人来主持大局。因为他们口才好，懂得说话的艺术，不但能营造好气氛，而且能处理好突发事件。别小看耍嘴皮子，如果话说得不合适，往往会使婚丧嫁娶得以圆满完成，甚至出现失败。那么，在婚丧嫁娶的时候，究竟如何说话才算合适呢？

1．凡事都要有个由头

婚丧嫁娶是生活中的大事，因此，做每一件事情的时候都要有个说法。否则，别人就会认为不合礼数。礼数中掺杂着双方的面子和尊严等很多问题。如果照顾不周，势必会引起矛盾和纠结。

比如说结婚时，男方给女方送彩礼，男方给一万一千元，说话的时候，要说“万里挑一”，说明女方是男方的最佳选择，寓意着双方碰到一起不容易和感情好等。如果没有了这个由头，双方就有了争执。有了这个由头，双方便不好意思再纠结。事实上，由头就是给双方的一个说法。当然，如果男方要求女方返送两千块，并且说“十全九美”，则寓意着世上没有十全十美的事情。

2. 说话有逻辑能服众

婚丧嫁娶讲究的一个礼数是要有一定的逻辑性，才能让大家信服。否则，大家觉得你说的不合规矩，自然你的话也就失去了分量。这就要求说话的人逻辑思维能力强，而且善于表达。

比如婚宴上参加的人数比较多的时候，退场就显得很麻烦，弄不好会出现踩踏事件。这时候让谁先走，让谁后走就成了问题。如果让东客先走，西客觉得受了冷遇。如果让西客先走，东客觉得没有面子。这时候，你要说："东家是主，西家是客。自然要礼让客人了。"这样东客便不好意思再纠结了。因为你所说的话在理，有逻辑性。

3. 随机应变打好圆场

会说话，不但表现在口才上，还要表现在随机应变打好圆场上。很多时候，都有出现突发事件的可能。如果不能弥补突发事件，势必会让你颜面尽失。

比如，在结婚典礼上，喝交杯酒的时候，女方一不小心摔碎了杯子，这让每一个客人心里都咯噔一下，因为破碎暗喻着婚姻的不完美，这时候你要随机应变，说："旧的不去新的不来，破碎意味着打碎过去，迎接未来。"这样，尴尬自然就得到了化解。

场面上说话，看起来简单，实际上却需要很强的语言功底，一句话说不合适，就会给婚丧嫁娶蒙上阴影。要想学会在婚丧嫁娶上说话的艺术，不但要掌握丰富的知识，还要向有丰富经验的人多学习。尽量把话说得滴水不漏，让每个人都觉得在理，心里舒服，继而顺从你的驾驭和引导。

饭桌上如何沟通

吃饭固然不宜说话，但有的时候又不能不说话。因为重要一点的饭局，都有主客、主从之分，而且，对于坐在饭桌上的人而言，吃饱肚子并非唯一的目的，甚至出席饭局应酬的意义，远远超过吃饱饭的意义。在这样的情况下，要是大家都一言不发，只顾着喝酒夹菜、大快朵颐，就失去主人举办这场饭局的用意了。

饭桌上不宜多说，但又不能不说，至于应该怎么说，需要视具体的情况来定。

最重要的是明确自己在饭桌上的身份、地位。如果身为主人，就应该热情大方，尽显地主之谊。一般情况下，酒菜上桌，主人不发话，其他人就不好意思动筷子。此时，主人就应该首先致辞，态度越热情越好。开场白之后，主人应该根据自己请客的目的、意义，对客人特别照顾。要是客人不止一人，应该按客人的身份、地位依次予以照顾。需要注意的是，特别照顾并非一味地劝酒。即便劝酒，也要热情大方，让客人乐于接受。

因为是饭桌，并非特别严肃的场合，主人除了尽显热情大方之外，也需要给其他人留有一定自由发挥的空间。当然，假如意识到场面冷清，要及时活跃气氛。最后，在大家酒足饭饱之际，主人还需要做最后的总结性讲话，虽然讲话的内容都是司空见惯的套话，但还是必须要讲的。

如果是客人，就应该充分尊重主人，紧跟主人的步调安排，既不强夺主人对饭局的控制权，也要对主人的热情大方作出积极回应。

如果既不是主人，也不是主要的客人，而是陪客，则必须牢记：只能锦上添花，不可喧宾夺主。与其口不择言、贻笑大方，不如入境随俗，视情况发言。

另外，自来饭桌上就有“无酒不成局”的惯例，但酒终究只是一个道具，交流沟通、增进感情才是目的，所以，无论主人、主客还是陪客，劝酒不能让人难堪，饮酒切忌过量。

朋友聚会如何沟通

“朋友”是什么意思？什么样的人可以称为朋友？按照汉语最早的定义：“同门曰朋，同志曰友。”可以理解为：“在同一师门求学，并且志趣相同的人，才是朋友。”

按现代人的理解，就是彼此认识和熟悉，并有不错交情的人，就是朋友。至于彼此认识、了解有多深，交情有多深厚，并没有明确的界定。事实上也是如此，由于每个人都有自己不同的人生观和价值观，对朋友的要求和理解也就不同。有的人把彼此信任和理解、可以相互帮助和支持、能够至死不渝的人称为朋友，也有人把仅有一面之缘，甚至叫不上名字的人称为“朋友”。

不同的人有不同的交友标准，即使是同一个人，交有不止一个的朋友，但在这些所谓的朋友之中，肯定会有认识时间长短、彼此交情深浅等差别。因此，即使是朋友间的聚会，也要根据不同的实际情况，采取不同的说话方式。

在参与人员多、场面比较大的场合，言语应该谨慎。因为虽然都是朋友，但朋友和朋友之间的差别还是很大。仅从建立朋友关系的途径来看，有的是从小一起长大，有的是从同学发展而来，有的是工作之中认识的，还有的是社交场合偶尔认识发展成为朋友。至于相互的理解和信任程度、学识修养、兴趣爱好、脾气性格等方面的差别，更是林林总总。这样的情况下，只要自己不是绝对的主角，说话最好见机行事，既冠冕堂皇，又不失风趣幽默；既娱乐大家，又无伤大雅。

在参与人员少的时候，则要根据自己和朋友之间交情的深浅，以及对方的个性、特点选取适当的说话方式和技巧。彼此交情越深，说话的个性化程度越高，随意性也越大。交情越深，说话越要真诚，切忌套交情和说假话。交情越深，言语越要率性，不可吞吞吐吐、闪烁其词。随着彼此关系的由深渐浅，就要逐渐约束自己，更加尊重对方。

除了场面大小、交情深浅，朋友聚会的主题，也是决定说话方式和技巧的重要因素。主题越是轻松，说话随意性就越高；反之，主题趋于严肃，就该谨慎小心，不能妄言。

化解矛盾如何沟通

化解他人的矛盾纠纷，无论对方是素不相识的陌生人，还是关系亲密的家人、朋友、同事、下属，还是其他关系特殊的人；无论是出于道义上的恻隐之心，还是自己的职责所在，都需要一定的技巧。只要自己的方法得当，技巧合理，就能迅速消除双方的怨气，使双方化敌为友，自己也赢得双方的感激和敬重。否则，如果盲目草率，不讲究方法和技巧，就有可能激化双方的矛盾，不仅事与愿违，还可能惹火上身，落得里外不是人。

化解别人的矛盾，首先，要了解事情的真相。不了解事情的真相，就没有发言权。只有了解清楚双方发生矛盾纠葛的前因后果，才能明辨他们之间的是非曲直，才能在化解矛盾的时候有理有据、游刃有余。

其次，态度要诚恳，语气要温和。无论双方的矛盾冲突是否激烈，无论双方的怨气有多大、情绪有多激动，都不可能把矛头指向自己。只要自己的态度诚恳，就能赢得矛盾双方的尊重和好感。这样的话，双方接受你调解的可能性就会增大，调解的效果就会好很多。反之，如果你的态度不够诚恳，或者双方认为你的态度不够诚恳，就会怀疑你别有用心，怀疑你是有意偏袒某一方，就会对你产生抵触乃至敌对情绪。一旦到了这个地步，离惹火上身就不远了。

再次，要淡化双方争端问题的严重程度。发生矛盾争执，肯定有双方比较在意的矛盾焦点。这个焦点，在双方看来，应该是比较严重的、不能调和的。作为调解人，应该抓住这个焦点，尽量说服双方：在他们看来是很严重的问题，其实性质并不那么严重。只要双方接受你的这一观点，事情就成功了一大半。

最后，个别交换意见。矛盾纠纷出现之后，出于好面子，谁都不愿意当着对方的面认输。此时，最好个别交换意见。针对事情本身，剖析当事人的是非对错，让他站在对方的立场审视和思考。在保持态度客观公正的大前提下，成功化解矛盾。

如何当众演讲

演讲又称演说，是指在公众场所，以有声语言为主要手段，以肢体语言为辅助手段，针对某个具体问题，鲜明、完整地发表自己的见解和主张，阐明事理或抒发情感，进行宣传鼓动的一种语言交际活动。

除了政治家，演讲对律师、教师、企业家等职业也有不可低估的重要作用。就普通人而言，掌握演讲的方法和技巧，能够提高说话能力，增强自信心，塑造良好形象，为日后大展宏图奠定坚实的基础。

一次成功的演讲，首先要从准备工作做起。自己的演讲内容应该认真准备。从思想观点，到逻辑层次，以致具体的细枝末节，都应该做周密的安排。应该熟悉自己演讲的环境：室内还是室外、宽敞还是狭窄，灯光角度、声音效果等，都会影响到演讲的效果。还应该了解自己的演讲对象、年龄阶段、知识水准、关注话题、思想观念等，都不能忽视。为了确保演讲的效果，在正式演讲之前，还应该反复练习和模拟演讲，力求精益求精、万无一失。

正式演讲的时候，演讲者应该以良好的形象出现在听众的面前，穿什么衣服、留什么发型，都要根据演讲的主题和听众的需要而定。站在台上，仪态既要端正，也要适度放松。过于僵硬，不仅给人呆板的印象，甚至会影响吐词、发音；过于放松，又会给人散漫的感觉。一般情况下，保持身躯挺直，两脚距离与双肩同宽，是比较适当的姿势。演讲过程中，目光既要专注，也要柔和，表情要随着演讲的内容起伏有所变化，不能给人痴呆之感。

演讲应该迅速吸引听众，开场白要有新意。除了良好的形象、悦耳的声音打动听众之外，可以根据演讲的主题，设计适当的故事开头，也可以以设问的形式开头。演讲过程中，要注意节奏的变化，根据内容需要，调整语速的快慢、语音的轻重。为了保证对听众有足够的吸引力，有时还可以作一定时间的停顿。

在演讲的关键环节，应该辅以适当的手势和肢体语言，尽量寻找和听众互动的机会。

演讲的最后，要给听众们都留下一个耐人寻味、难以忘怀的结尾。

拒绝别人如何精准表达

人与人之间应该相互帮助和支持，别人有求于你的时候，无论对方和你的关系如何，能帮的尽量帮；你有困难的时候，求助于别人，别人能帮的也尽力相助。这样的生活图景，应该是非常美好的。但是，每个人都有自己的实际困难，常遇到别人有求于你的时候，你却因为诸多原因不能帮助别人，于是不得不婉言拒绝。

求助别人时，心里常满怀希望；求助不成，遭到拒绝，心里会有很大的落差。因此，拒绝别人，需要针对实际情况，讲究一定的方法和技巧，否则就有可能伤害对方，甚至造成彼此之间难以化解的矛盾。

当别人求助于你的时候，诉求是比较明确的。拒绝别人，也需要明确的理由。根据对方的诉求、自己的处境，拒绝别人大致有三种不同的情况：第一，别人的诉求超过自己的实际能力，帮不上，比如别人向你借100万，你没那么多钱，只能拒绝。第二，别人的诉求超过自己的心理承受能力，不想帮，比如别人向你借100万，因为担心有去无回，只好拒绝。第三，别人的诉求违背自己的为人准则，不能帮，比如别人向你借100万，还明说是拿去做违法的事情，必须拒绝。

在第一种情况下，你的本意并不是想拒绝，而是确实无能为力。因此，在拒绝别人时，态度一定要诚恳，让对方确信你不是不想帮忙，而是实在帮不上忙。只要对方相信你说的话，心里就不会难受。同时，为了证明自己的诚恳，你不妨替对方再想想办法，虽然你帮不上，但可以帮助想想双方都熟悉的其他人能否帮上对方。这样做了，无论结果如何，对方都会对你存感激之心。

第二种情况，超过自己的心理承受能力。但是，你不能把话说得太直接，而要尽量委婉含蓄一些。同样以借钱为例，你可以一口咬定自己没钱，也可以说自己仅有的钱另有急用，话说到这个地步，对方也不可能再强人所难。

第三种情况，是绝对不能帮忙，语气可以委婉一些，但态度一定要坚决。对方能够知难而退最好，要是对方死缠烂打，不妨以公之于众，乃至报警相威胁，彻底断绝对方的念头。

第三章

注重表达，搞清楚说话对象

和家人说话

家人和自己有血缘之亲，彼此熟知、关系亲密，但是，家庭成员之间太过随心所欲，也会言语失当，也会使自己在原本和睦的家庭关系中处于尴尬的境地。而且在家里学会说话，到外面说话才能更得体，在家里的关系中如鱼得水，到了外面的世界才能游刃有余。

中国是传统的礼仪之邦，和家人相处，和家人说话，应该把传统的尊卑长幼之序，作为贯彻始终的前提和恪守不变的原则。

首先，父母（和长辈）在家庭中居上位，是自己必须礼敬的。虽然过去讲“天下无不是的父母”这句话，在今天看来未必完全正确，但父母生养我们，尊敬他们、孝顺他们，都是我们后辈的职分所在。和父母说话，应集中表现在一个“礼敬”上面，而且是发自肺腑，表现在言语之间。必须承认，由于时代的不同，自己和父母之间，对某些问题的观念和看法肯定会有所不同，对此，作为子女，即便明知自己的主张是对的，父母的主张错误，也没必要与其争辩。最好的办法是巧妙转移话题，或者表面上顺从父母的主张，待适当时机再说服父母。

其次，夫妻之间是彼此关系最为亲密的人，必须相互扶持。但是很多时候，我们常常会因为知己朋友而忘记对方，也有可能因为父母或子女而忽视对方。但夫妻双方，自从结合的那一天开始，就注定是你中有我、我中有你，难以割舍。即便从利益角度考虑，夫妻之间也是应该利益共同、进退相随。特别是在危难关头，更要相互依赖、相互扶持。夫妻之间说话，可以不拘于形式，但必须遵循一条原则：身为男人，给自己的女人最细心的呵护；身为女人，给自己的男人最体贴的关怀。

再次，子女是自己生命的延续，是社会发展进步的希望所在。无论从家庭的角度还是社会的角度，父母都要对自己的子女满怀关爱之情。每个孩子都是在不断成长的，不同时期的孩子，具有不同的性格特点，父母教育孩子，除了遵照孩子的特点之外，晓之以理、动之以情是可以贯彻始终的良好方法。即使孩子不断犯错、屡教不改，父母也要有足够的耐心和包容心，做到不抛弃、不放弃。

和陌生人说话

交流和沟通，原本就是从两个相互陌生的人开始，学会和陌生人交流，知道怎么和陌生人说话，对一个人人际交往和说话能力的提高都会有极大的帮助。

万事开头难。因此，和陌生人说话，首先要克服自己的畏惧和害羞心理。“人之初，性本善”，每个人都有和别人交流的需求和愿望，只要你心里是这样想的，并据此而积极行动，畏惧和害羞的心理就会自觉地消失。

和陌生人说话，应尽力消除对方的戒备心理，拉近与对方的关系。自我保护是每个人与生俱来的本能，一旦有陌生人主动和自己说话，很多人都会以异样的目光打量对方，同时质疑此人的动机。和陌生人说话之前，最好和对方正面相对，以便对方看清你的整个身体，确信你没有伤害对方的意图。

为了有效缩短彼此的心理距离（身体需要和对方保持适当的距离），身体一定要放松，面部一定要带着微笑。开口说话之时，语气一定要轻柔，语速不能过快，言词一定要清晰，使对方在最短的时间内明白你要表达的意思。为了达到这个目的，最好在说话的同时伴以适当的肢体语言或手势。

想让一个陌生人迅速在心里真正完全接纳另一个不熟悉的人，比较困难。

和陌生人说话，一开始就谈实质性的问题，往往徒劳无功。比较好的办法是避重就轻，先谈一些无关痛痒的轻松话题，融洽彼此之间的气氛，消除对方的戒备甚至敌视态度。等对方在心里认可和接纳你之后，再谈核心话题，收效会好很多。

和儒雅的人说话

说话的对象差别很大，说话对象不同，采取的针对性、说话技巧也应该不同，需要引起说话者特别注意的禁忌也有不同。前面重点从说话人的角度出发，按照说话对象和自己的相互关系，对不同的说话对象进行分析归纳。现在从说话对象的角度出发，分析归纳不同说话对象自身的特征，归纳出掌握说话艺术的关键和重点。

需要面对的说话对象差别很大。一个人由于年龄、性别、教育背景、性格脾气、道德修养的不同，在思想、行为方式上，也会不尽相同。说话之时，如果忽略了对方的这些特征，是不会收到好结果的。

有一类人，受过良好的教育，有较高的学识修养，社会经历比较丰富，事业上取得了一定的成就，当然，年龄也不会太小；更为重要的是，他们还具有性格温和、举止文雅这一显著特征。这一类人，就是大家通常说的儒雅的人。

和儒雅的人说话，首先要懂礼貌，不可莽撞。儒雅的人，在与人交往时，讲究礼节，也希望对方是懂得礼貌、举止有节的人。如果你粗心莽撞，未曾开口说话，就已经让对方产生了抗拒心理，就算你接下来极力弥补，也很难有好的结果。

儒雅的人，说话喜欢咬文嚼字、引经据典，从而显示自己的学识渊博。和他们说话，应尽可能地展示自己的学识修养、文化品位。但是，如果仅为了投其所好，却不懂装懂、随口胡说，结果只会更加糟糕。

儒雅的人，性格温和、雍容大度，与其说话，表情不可太夸张，语速不宜太快，语气不可太过刚烈。即便双方的意见有分歧，也要温婉地表达自己的意见和看法，多用商量和相互探讨的语气，不宜直接驳斥对方的意见和观点，更不可任性发怒，以致一拍两散。

儒雅的人，有品位，讲原则，和他们说话，自己不能显得太过俗气，更不能给对方留下市侩的印象。应尽量消除对方本能的抗拒心态，使其乐于接受你的看法或观点。

和霸道的人说话

性格霸道的人，和别人不同的最显著特征，就是无论说话或做事，完全凭自己的好恶，全然不受其他外在条件的束缚和制约。

性格霸道，并不是完全的蛮横不讲理。蛮横不讲理的人，自己孤陋寡闻、鼠目寸光，对事物没有自己的真知灼见。这里所说的性格霸道的人，通常都有深邃的洞察力，喜欢独立思考，对事物有自己的独到理解和判断。并且，当这种理解和判断形成之后，就会根深蒂固，绝不会轻易改变。这种人通常都比较自信，甚至到了自负的程度，他们都比较果断，甚至近乎武断。他们通常都有一定的社会地位，事业上也取得一定的成就，而且，社会地位越显赫、事业成就越大，自负和武断的倾向性也就越明显、越强烈。

性格霸道的人，日常生活中随处可见。他可能就是你的老板，可能就是你即将拜访的客户，想要避开不交往，几乎不可能。不要因为他们的霸道而心生畏惧，其实，只要你对这类人的特征有准确的认识和把握，在与之交流的时候注意采取适当的方式方法，就一定能够达到自己想要的理想效果。

策略一：以柔克刚。通常情况下，和性格霸道的人说话，要保持和谐、融洽的气氛。因其性格霸道，喜欢以自我为中心，只要你善于创造和保持好的说话氛围，让对方一直保持在比较愉悦的状态下，你的建议就能被接受，你的诉求就能被满足。当自己的观点和看法和对方相左，甚至是截然不同时，最好的办法是委婉含蓄一些，采取迂回包抄的策略，避开主题，使用比喻，让对方先认可自己的某些观点，然后步步诱导，直逼主题，最终达成目标。

策略二：以强制强。性格霸道的人，表面看起来很刚强，喜欢以自我为中心，视野受限制，即使有了明显的弱点和不足，自己也很难察觉。只要你能表现得比他更加刚强，在气势上震慑住对方，也能收到意想不到的效果。

和耿直的人说话

性格耿直的人，最典型的特征，其一是耿介、正直，没有心计和城府，不会设圈套害人；其二是坦诚、直爽，心里藏不住秘密，不会说假话和谎话坑人。

和性格耿直的人相处，不需要过多的猜度，就能明白对方的心思，省去了诸多麻烦，感觉反而轻松。能和这样的人成为朋友，应该是一件很愉快、很幸福的事情。即使不能成为朋友，和耿直的人或搭档工作，或合作发展，也是一大幸事。

性格耿直的人在生活中很容易相处，说话做事，也不必太刻意计较。然而，每个人有其性格，每一类人有每一类人的个人喜好和价值标准，要是完全忽视对方的禁忌，说话完全不讲究方法，同样很容易得罪人。

和性格耿直的人说话应该注意哪些问题呢？

首先，耿直的人耿介、正直，自然也希望对方堂堂正正、光明磊落。和他们说话，一定要注意自己的形象，衣着要得体，举止要大方。否则，一旦给对方留下形象猥琐的印象，纵然你说得天花乱坠，也于事无补。

其次，耿直的人坦诚、直爽，也希望对方和自己以诚相待。为了体现自己的真诚，目光要专注，不可四处游移；说话的语气和表情、动作要得体，不可太过夸张和做作；在对方说话的时候要认真聆听，要是没有听清楚或听得不是很明白，最好及时询问。

最后，和耿直的人说话，语言要质朴，不可华而不实。因为在他们看来，最能解决问题的方式，并不是语言，而是行动，行动是一切实实在在的根本。所以，对耿直的人不可轻易许诺，一旦许诺，就一定要及时兑现。

和桀骜不驯的人说话

“桀骜不驯”的意思：“桀”指夏桀，夏朝的最后一位君王，自幼聪颖过人，长大后文武双全，后因荒淫、暴虐，被商汤推翻；“骜”是没有驯服的马。“桀骜不驯”，就是凶悍倔强、傲慢无礼的意思。

桀骜不驯的人最为明显的特征，就是自视甚高，有一点儿过人之处，就觉得自己已经天下第一，目中无人。与这样的人相处，稍有处置不当，就会处处受他的牵制，难以掌握主动权。特别是当你作为一个公司老板或部门主管，下面有这样的员工或下属时，感觉就会特别棘手。

作为老板，自然有权力将不合己意的员工开除，但这样做的结果，除了显示自己的无能之外，又有什么实际的好处呢？要知道，桀骜不驯的人，大多是年轻气盛的人，他们有自己的长处，只是难以管理而已。假如你能将其驯服，使其听从你的管理，又何乐而不为呢？

中国有句俗话：“马服缰绳，女服嫁。”意思是，再烈性的野马，只要被缰绳拴住，就会慢慢驯服；再刚烈的女子，只要嫁得如意郎君，也会变贤惠。同样的道理，再桀骜不驯的员工或下属，只要老板或上司善于驯服，他们就一定能够为你所用，成为你不可多得的帮手。

应该怎样和桀骜不驯的人说话呢?

首先，要找对说话的时机，直击其软肋。桀骜不驯的人，都很有自信，甚至到自傲的地步，通常情况下，他们谁都不服，要是不分时间、场合，只是喋喋不休地数落对方，无疑是隔靴搔痒，不仅发挥不了任何作用，还会激化双方的矛盾。但是，桀骜不驯的人，他们的自信是建立在年轻气盛的基础上。因为年轻气盛，他们的缺点和不足同样很明显。想要驯服他们，就要在他们的缺点和不足暴露无遗的时候，抓住机会，争取一次奏效。

其次，要双管齐下，恩威并重。桀骜不驯的人，除了过于自信，还很重视自尊。指出他们的缺点和不足，目的在于使他们认识最真实的自己，把他们从盲目自信中解救出来。指出他们的缺点和不足，但不能伤害他们的自尊。要恰如其分地评价他们，特别是要充分肯定他们的优点和长处，激发他们展示自己优点和长处的愿望和动机。

和少言寡语的人说话

想保持良好的人际关系，就要广泛地和他人交流沟通，要针对不同的人，采取不同的说话方式和技巧。只有这样，才能得到大家的帮助和支援，才能保证事业的顺利发展。

必须清楚地知道，平常看上去少言寡语的人，并不是不会说话，而是说的话比一般人要少；他们并不是不愿意与人交流和沟通，只是他们有自己喜欢的交流和沟通方式而已。

看上去少言寡语的人，大多性格内向，他们不喜欢当着众人的面侃侃而谈，而喜欢自己一个人认真地思考；他们不喜欢自己说，却善于听别人说话；他们多少有一些自卑心理，但表现出来的常常是给人自傲的感觉。这种看似交际场合边缘人物的人，常常会被人忽视。其实，他们的身上，也有其他类型的人难以企及的优点和长处，比如说他们会更喜欢做具体的事情，而且心思细密、举止稳重，只要你善待他们，言语得当，他们就会竭尽全力报答，是完全值得托付重任的人。

和少言寡语的人说话应该注意哪些事项呢？

首先，宜精不宜多。他们自己不喜欢侃侃而谈，对信口开河的人，也会自然而然采取排斥和抗拒的态度。要是你老是在其耳边嘤嘤嗡嗡地说个不停，却没有实实在在的内容，会导致其发自内心的反感。因此，对他们说话，必须说的才说，可不说的不说，不该说的坚决不说。

其次，态度要诚恳。他们心思细密，很敏感，如果你说话的时候漫不经心，你说得再好，他们都会以为你不真诚，结果，当然是适得其反。

再次，这类人平常很少说话，但他们也有倾诉和表达的愿望和需求。所以，想要打动他们的心，争取他们的帮助和支持，就应该给他们说话的机会。即使他们不主动说，也要激励他们大胆说出自己的真实想法，并认真听取他们的意见和建议。

特别是对于少言寡语的学生或公司里的下属，作为老师或上司，要更细心地观察其行为，对他们好的行为、做法，及时给予鼓励和赞赏。

和喋喋不休的人说话

非常明显，成天喋喋不休、说个不停的人，和少言寡语的人是截然不同的两种类型。这一类人的显著特征，就是嘴巴永远也闭不紧，说的是什么内容对他们来说并不重要，也许他们自己也不记得，或者刚刚说过，马上就忘得一干二净。

因为他们说的话，大多是听众听了很多次的所谓新闻，或者是无伤大雅，也无关紧要的话语，你完全没必要在意其说话的内容。况且，他们说话的主要目的，就是不让自己的嘴闲着，至于有多少人认真听，他们并不在意。所以，遇到这种情况，能避开的就尽量避开，不能避开的，就听之任之，权当什么也没有听见。只要你不给予积极的回应，等其讲累了，感觉索然无味，大概就会停下来。

当你遭遇喋喋不休的人，却又不能不给予一定回应时，最好的办法，就是分散和转移他们的注意力，迫使他们自觉停下来。

比如，在父母的眼里，孩子永远都是长不大的，特别是母亲，总是喜欢在孩子面前喋喋不休：孩提时代，唠叨孩子的课业；长大了，唠叨恋爱婚姻、工作和事业，甚至到了事业有成、娶妻生子之后，还是一见面就唠叨不停。对于这种情况，子女要体谅父母的一片苦心，既不能避开，更不能表示厌烦，最好的办法就是自己找一个新鲜的话题，转移他们的注意力。

又如，有一个喋喋不休的同事，和她整天待在一个办公室，抬头不见低头见，既不想听她喋喋不休，又不想把彼此的关系闹僵，最好是找一个新的话题，转移她和大家的注意力。例如她先说饮食，你就说化妆；她说化妆，你就说服饰；她说服饰，你就说新闻。

再如，你是一个公司的老板或一个部门的主管，召开会议时，你在上面讲话，下面有一个下属总是小声地喋喋不休。此时，你即便疾言厉色地明令禁止，也是未尝不可的事情，但出于自己的风度，要是能够停下自己的讲话，让对方感觉不好意思说下去，岂不更好？或者你借口喉咙不舒服，让这个喋喋不休的人帮你宣读建议事项，岂不是一举两得？

和傲慢无礼的人说话

为人处世，需要保持谦虚谨慎、戒骄戒躁的优良作风，保持温和有礼、朴实宽厚的高贵品格，这样才能使自己赢得更多人的尊重和爱戴。当你遇到一个傲慢无礼的人时，你越是谦虚有礼，对方的傲慢无礼会变得越加厉害。在此情况下，双方在彼此心目中的地位完全失衡，即使你费尽心力，也很难和对方很好地交流和沟通。

美国反映南北战争的浪漫主义小说《飘》的问世，引起社会的极大反响，为此，相关的权威机构召开了关于这部伟大作品的研讨会，应邀出席这个研讨会的都是当时在世界文坛有一定影响的作家和评论家。研讨会开始前，有一位男作家遇见玛格丽特·米切尔，两人便交谈起来。男作家问米切尔写过多少作品，米切尔说："不好意思，只有一部。"听说对方居然只写过一部作品，男作家的眼里明显流露出不屑的神情，随即大谈自己写了很多作品，傲慢之情溢于言表。在一番高谈阔论之后，这位男作家随口问道："请问你写的作品叫什么呢？"玛格丽特·米切尔说："《飘》。"那位男作家立即羞愧地低下头。

这位男作家也许不是那种眼高于顶、傲慢无礼的人，但是这个故事同样告诉我们，和傲慢无礼的人说话，"以己之长，攻彼之短"不失为一种行之有效的好办法。男作家作品很多，这是他的长处和赖以骄傲的资本，但是他作品的影响力和知名度都不如米切尔的《飘》。米切尔的回答也许不是有意让他难堪，但能使其由傲慢无礼变得肃然起敬，显然是一个令人称快的结局。

现实生活中，傲慢无礼的人并非全都是自我膨胀的无能之辈，大多都有引以为傲的资本。但人无完人，尤其是傲慢无礼的人，绝对有他们的短处和不足。只要你能敏锐地捕捉到对方的弱点，以己之长、攻彼之短，对方的傲气就会瞬间化解。

和傲慢无礼的人说话，还有一种行之有效的策略，就是“借力使力”。利用对方因傲慢无礼而留下的漏洞，施以巧妙还击。

总之，和傲慢无礼的人说话，首先要消磨掉对方的傲气。只有使双方处于平等的主体地位，交流和沟通才能取得理想的效果。

和性格急躁的人说话

性格急躁的人，最显著的心理特征，就是注意力很难长时间集中在一个人或一件事情上；最明显的行为特征，就是说话做事来去如风，绝不做过多的停顿和滞留。

性格急躁的人，更看重自己的行为及其行为的结果，他们宁肯多做事，也会少说话，即便非说不可，也是简单明了地交代几句了事。在他们看来，别人是否听清楚自己说话似乎并不重要，只要他们自己觉得已经说清楚就行了。如此看来，想要性格急躁的人耐着性子听自己说话，似乎是一件很困难的事情。

通常情况下，性格急躁的人，注意力难以长时间地集中，容易分散和转移，但是，只要你给予的刺激物有足够的吸引力，就能彻底改变局面，确保性格急躁的人精神专注。所以，和性格急躁的人说话，事先要有足够充分的准备。要认真分析对方的性格特征和爱好倾向，精心组织自己要说的语言，巧妙设计自己的说话方式和内容，力求迅速吸引对方的注意力，并让对方欲罢不能。

和他们说话时，最好把自己的理想目标进行合理的分解，按阶段去执行和实现。一旦发现对方的注意力已经分散和转移，再多说纯属徒劳，最好适时打住，再约下次见面和商谈的时间、地点。

和性格急躁的人说话，在特殊情况下，也可以采取“以柔克刚”的策略。比如，当保险推销员找到一个潜在的大客户，但对方是一个性格急躁的人，这种情况下，一次或几次拜访都未必能够成功，放弃却又可惜。可行的办法，就是在不影响双方正常工作和生活的情况下，只要有机会、只要有时间，就出现在对方面前，就向对方推荐自己的产品。想必在持之以恒后，总会迎来成功的时刻。

和性格急躁的人说话，在有充分把握的准备后，也可以采取“以急制急”的策略。比如你的计划或建议对对方真的很重要，对方也能充分认识到这点，但是由于事务繁多、性格急躁，不能好好地听你的解说。这个时候，假如你表现得比他还要急，说不定就能打动对方，让其有耐心听你解说。

和情绪低落的人说话

“人有悲欢离合，月有阴晴圆缺”，每一个人，无论情感还是事业，都不可能没有起伏和波折。在事业稳步上升、家人幸福安康、夫妻恩爱有加的时候，每个人的内心都会被幸福和愉悦包围。此时，人们看什么都觉得特别顺眼，做什么都觉得特别有劲，吃什么都觉得特别美味，整个人的情绪处于高度亢奋的状态。相同的道理，当一个人事业受挫、家人生病、夫妻闹别扭时，就会看什么都不顺眼，做什么都提不起精神，吃什么都觉得没胃口，情绪极度低落，成天摆出一张苦瓜脸。

突然的打击，会严重影响一个人的情绪。情绪低落的人，在待人接物、说话做事方面，都会大大异于往常。甚至会一反常态，变得和往常判若两人。情绪调整，说起来是每个人自己的事情，但一个人情绪低落的时候，也是内心感觉特别孤独的时候，特别需要来自外界的温暖和帮助。倘若你此时伸出援手，即便不能给予太多的援助，只要你做了，哪怕是几句安慰和鼓励的话，也会让对方铭记于心。

比如你公司里的上司，因为工作上的小失误，被公司老板借题发挥，狠狠修理一顿，甚至还说了一些难听的话，这位上司的心里肯定不会好受。尤其是工作上的失误，责任并非全在他一个人时，他的情绪状态更是可想而知。此时，作为同事和下属，要是一副事不关己、高高挂起的漠然态度，显然是不合时宜的。无论之前你们的个人交情如何，都要给予对方适当的安慰和鼓励。当然，尽管只是在口头说几句安慰和鼓励的话，也需要讲究方法和技巧。总而言之，态度要诚恳，语言要适当，千万不能让对方产生你在幸灾乐祸、落井下石的误会。

除了上司，身边的人随时都可能出现情绪变化，都需要我们适时给予安慰和鼓励。因为每个人的特点不同，身处的环境不同，造成情绪低落的原因也不尽相同。给予他们安慰和鼓励，首先，要弄清事情的真相，知道对方情绪低落的原因；其次，要从双方的实际情况出发，给予对方最需要的也是自己力所能及的安慰和帮助；最后，要分析对方的脾气和性格特点，采取合适的、对方乐于接受的方式安慰和帮助对方。

切记不要对牛弹琴

说话的目的在于交流和沟通，是主体和客体之间的互动。说话的人是主体，传输自己的思想观念和内心诉求；听话的人是客体，接受主体的说话内容，并适时给予一定的回馈。会说话的人，首先要根据说话对象的实际情况，采用一定的技巧和方法，让自己的话打动对方的心，使自己的思想观念被对方接受或认可，从而达到自己的目标。否则，如果忽视了说话对象的具体实际，只是自己一厢情愿地滔滔不绝，就等于是对牛弹琴，不仅起不到任何作用，有时还会适得其反。

世界上的每一个人都是相对独立的个体，同样一句话，不同的人听了会有不同的感受和反应。因此，学会说话，就要认清说话对象，根据对方的不同特征，采取不同的说话方式。

首先是说话对象的身份、地位。人与人之间需要互相尊重，尊卑之序不能随意混淆。特别是对方为自己的部门主管、顶头上司时，更要小心谨慎。

其次是说话对象的性格和喜好。就算是同样的部门主管和顶头上司，性格和喜好也会截然不同，有的豪放粗犷、不拘小节，有的严谨认真、注重细节，有的平易近人，有的自恃身份……如果说话时不加区别，随性而为，绝对不会有好的结果。

再次是自己和说话对象之间的关系远近。就算是一个部门里的同事，也会有性格脾气、志趣爱好的差异，或是一起工作时间长短的不同，自然有关系亲近和关系疏远之别。说话之时，对关系疏远的人不可交浅言深；对于关系亲近的人则应推心置腹。

最后是说话对象的情绪状态。正常情况下，每个人都会表现出相对稳定的性格特征和行为作风，而一旦受特殊事件的影响，就会一反常态。譬如自己的顶头上司，原本是一个性格开朗、为人随和的人，却因家里遇上麻烦，或者刚被自己的上司训斥之后，情绪自然不好。此时，就要求说话者善于捕捉相关信息，适时调整说话的策略。

第四章

注重表达，让你的话更有说服力

不是任何场合都适合说服别人

在说服别人的时候，要懂得看具体的场合，通过揣摩和把握别人的心思，在不损害别人的尊严和面子的前提下，达到说服的效果。

有些时候，我们有了想法就和别人取得沟通和交流，想出一些办法说服对方，可是有些时候，不得不保留想法而顺从别人。可见，不是任何场合都适合说服对方。如果一味地以自我为中心，不顾场合，强词夺理，即使你说得在理，别人也不会顺从你，因为其中还涉及面子和尊严的问题。相反，你照顾了别人的情感，别人也会适当地不再和你纠结而让着你。那么，究竟什么场合适合说服对方，什么场合不适合说服对方呢？

1. 人多的时候最好不要说服别人

一般情况下，人都比较好面子。因此，在人多的时候不要说服别人，即使你说得对，对方也不可能顺从你。原因很简单，如果别人顺从了你，会被认为没有主见，这让对方的面子和尊严受到了损害，这是任何人都无法接受的。

2. 说服别人的时候选择你的地盘

通常，人都有“我的地盘我做主”的想法，也正是这种主人翁的身份和感受，让别人不好意思与你争执，而顺从你，否则惹你生气了，对方也就不好意思再待下去了。如果你足够聪明，想要达成统一意见，最好选择在自己的地盘进行。

比如，朋友来你的家里玩，你提议打电脑游戏，而朋友却想玩户外运动。这时候如果你坚持，朋友便不好意思再和你争执，而顺从你。

3. *在女人面前不要试图说服男人*

生活中，男人都想在女人面前表现得有主见，强势一些，以此来证明自己是真正的男人。所以，在你想要说服男人的时候，千万别在女人的面前进行，尤其不能在对方所喜欢的女人面前。否则，对方就是不占理也要和你产生争执。因为要是顺从了你，对方会很没面子，担心会被自己喜欢的女人看不起。这是男人最忌讳的一点。

比如，几个男生带着各自的女朋友一起去玩，最后在出行的路线上产生了分歧，各有各的主张，几个男生争执不下，最终还是女孩们拍板作出决定。

很多年轻人往往不懂其中的道理，总觉得自己有理。有理就能走遍天下，于是乎不管场合是否合适，总是要逞一时口舌之快，结果本来很简单、很容易达成一致的问题，往往百般纠结，无法统一意见，反而还会四处树敌，给他们的人际社交带来一定的障碍。可见，对于年轻人来说，要懂得人情世故，懂得揣摩别人的心思，学会在适合的场合沟通和交流，说服别人，你会发现问题会简单得多。

先摸清说服的对象，才能更好地说服

“先认清对方再说服对方”是说在说服他人的时候，要了解对方，理解对方并适当地给予认可，慢慢缓解别人内心的抗拒情绪，最终达到顺从你的目的。

很多时候，我们一心想着让别人顺从自己，不管对方的具体情况，上去就是一顿狂谈，结果却因为不了解对方，没有找到说服别人的切入点，而遭到了激烈的对抗。尤其是很多年轻人，倚仗自己年轻气盛，气场很强，想要一鼓作气压倒别人。可是每个人都有自己的想法，并且坚持正确无误，只有你找到了对方的理论漏洞，找到了说服他的切入点，就能很轻松地达到说服别人的目的。这就是我们所说的：先认清对方再说服对方。那么，如何才能在说服别人之前认清他呢？

1. 多了解别人为什么会如此坚持

俗话说：知己知彼，百战不殆。只有你清楚地了解了对方的想法和观点，才能找到理由来说服他。事实上，也只有这样才能戳到他的痛处，让对方无话可说。

比如，作为老师，你发现有个别学生的家长，为了提高孩子的学习成绩，从不让孩子玩耍。你可以这样说：“人的大脑如同机器，不休息，容易出现问题。时间久了，反而会影响孩子的智力。”这样，家长的想法和观点便站不住脚了。

2. 站在别人的立场上表达出理解

很多时候，人在意的就是一份尊重。你在说服别人的时候，站在对方的立场上表示对他的理解，这样，别人内心的抗拒也会弱化很多，当别人不抗拒你的时候才会接纳你。

比如，作为父亲，看到女儿早恋很生气。如果你站在女儿的立场上表示认可她对爱情的认识，让女儿觉得父亲懂自己。这样，女儿才会听你的建议，你才能很好地引导她专心学习。否则，即使你说破了嘴，女儿也不会听你的。

3. 要在一定程度上给予别人认可

人之所以坚持自己的想法和看法，那是因为他觉得自己是正确的。这样，你在说服别人的时候就不能一口咬定，他的想法和做法是错误的。否则会遭到对方强烈的抵抗。事实上，对与错没有那么重要，关键在于要对方放弃自己而顺从你。你要在一定程度上给予别人肯定和认可。

比如，作为一个父亲，你想要孩子有份稳定的工作，可是孩子却想自己创业。如果你一再地否定他，那么无论如何他也不会听你的。相反，如果你说："年轻人就应该有自己的想法……"这样，作为儿子，自然也就会听你的话了。

很多人在说服别人的时候，总是觉得很困难，觉得别人就是认死理，明明是自己错了，也不肯妥协。事实上，世上的事情没有绝对的对和错，每个人站的角度不一样，想法和看法也会不一样。要想说服他们，就要引导他们进行对比，让他们看到自己的局限性，从而顺从你，因为你的意见和观点更加的全面。当然，这个角度是需要站在你的立场上的。这期间自然有很多的技巧和方法需要学习。

为自己找个助手，帮自己精准说服

“寻觅后援团，帮自己说服对方”是说在说服别人的时候，遭到别人的拒绝之后，要学会在对方的人际关系上做文章，利用对对方有影响力的人来帮助你进行说服，从而达到让对方妥协的目的。

生活中，每一个人都有一定的社会关系，或许你说的话未必会对对方产生影响，但是和对方关系亲密的人的话或许会产生更强的说服效果。这就需要我们适当地寻找后援团，帮助自己说服对方。当你的后援团不断地对他人进行游说之后，对方也就会慢慢地妥协，至少会开始怀疑自己，不会像之前那样坚定。这样，也就开启了被你说服的大门。那么，究竟如何寻觅后援团，帮自己说服对方呢？

1. 寻找和对方关系密切的人的帮助

通常情况下，关系密切的人的话会对对方有一定的说服作用。因为他们之间的关系密切，所以建议的分量也会加重，甚至会成为要求。为了不影响彼此之间的感情，对方也会有所顾虑，作适当的考虑。

比如，你邀请一个女孩参加话剧表演，可是却遭到了对方的拒绝。这时候你不妨去说服她的闺密或者男朋友，让他们明白这对她有很大的帮助。这样，当闺密和男朋友说出要她参加的意见的时候，远比你说出来要有分量得多。

2. 寻找对对方有影响力的人的帮助

如果你觉得自己的话说出来没有分量，说服不了别人，那么不妨寻找对对方有影响力的人来帮助你。因为他们的影响力，往往能对对方产生巨大的作用。

比如，你打算和女朋友尽快结婚，可是女朋友却一直犹豫不决，这时候你不妨把自己的想法告诉女朋友的父母，出面说话。他们说出来的话远比你说出来的话更有分量。

3. 寻找对方身边的人来帮助你

我们每个人都生活在自己的圈子里。身边人的看法和想法往往会影响我们的态度。如果对方坚持不改变，就会受到别人的非议，甚至无形之中会被抛弃。这对于一般人来说是无法忍受的。因此，在你发现说服对方很难的时候，不妨动点脑筋，让对方身边的人参与到你的后援团，巧妙地借助他们的意见，迫使对方妥协。

比如，你想要把妻子的工作调到你所在的市里，两个人一起生活。可是妻子却不同意。这样你把自己的想法告诉妻子身边的人，形成舆论压力，为了不让别人说三道四，妻子或许会作出妥协而顺从你。

很多年轻人在说服别人无果的情况下，要么放弃，要么穷追不舍，给别人的生活带来了一定的压力，结果反而让别人更加坚决地和你对抗，最终导致说服的失败。这时候，就要想办法向别人求助，寻找一定数量的后援，借助他们和对方的关系来进行说服，从而实现你的驾驭和操纵，因为他们出面远比你有用得多。

在这一点上，年轻人要多动脑筋，千万不要过分地自信。

4. 说服他人时，别总是抓住对方的过错不放

说服他人时不要过多纠结对方的过错，这样可以缓解别人的心理压力，从而最终达到说服对方的目的。

如果别人犯了错误，而我们在错误上又做过多的纠结，往往会引起别人内心强烈的不满和抵触情绪，相反，如果轻描淡写，别人会因为你的包容和宽恕而对你心存感激，内心也会慢慢地向你靠拢，这样，你便能更好地俘获对方的心。因此，要想让别人顺从你，就要宽容一些，不要在别人的错误上做过多的纠结。

你的轻描淡写会让别人对你感恩戴德，而不好意思再与你意见相左，或者与你对抗。那么，究竟如何才能做到这一点呢？

1. 要多倾听别人的解释

往往人在犯了错误之后，会做解释，为自己辩解。而且渴望别人能倾听自己的解释，从而理解自己，原谅自己。这时候，如果你不给对方解释的机会，则会让对方在内心对你产生敌对的情绪。这对于你的说服无异于雪上加霜。相反，你给别人解释的机会，让对方的亏欠心理得以表达，对方会觉得你尊重和谅解他，而心存感激。

比如，你想要和分手的女朋友复合，那么，对于她的“花心”的解释，你就要倾听，这样对方的愧疚心理便会减少很多。

2. 淡化错误造成的影响

一般情况下，当别人所犯的错误越大，造成的恶劣影响便会越大。如果你夸大对方所犯错误而造成的影响，无疑增大了对方的负罪心理。相反，如果你淡化对方所犯错误造成的影响，对方

内心便会愈加的轻松、自然，对你的抵触便会越小，信赖反而越大。

比如，因为儿女曾经伤害过父母的心，作为父母，如果淡化儿女对自己造成的伤害，儿女会感激他们，从而更加听话。相反，如果父母夸大这种伤害，则增大了儿女的心理负担，从而产生抵触情绪。

3. 适当表达出你的安慰

当一个人犯了错误之后，内心会非常的愧疚，这时候，如果你能适当地表达出对他们的安慰，则能温暖他们的心，进而对你产生信赖和好感，这是顺从你的前提和条件。

比如，你想要和你的对手和好如初，让他支持你，那么你对他曾经伤害过你的事情，就要多说“没什么”或者是“对我是一种激励”，这样，你的对手没有了顾虑，便会和你站到同一个战壕里，进而顺从你，支持你。

很多年轻人在为人处世的时候，往往不懂得宽容，在别人所犯的错误上不断地纠结，觉得别人伤害了你而心安理得，反而与你抗衡。事实上，即使对方想顺从你，想支持你，但是因为曾经伤害过你而心存芥蒂。如果你想让别人顺从你，那么就要在别人所犯的错误上轻描淡写，让别人对你心存感激而向你靠拢，这样才能更好地让别人放弃自己而被你说服。

一反常态，从新的角度着眼

“违反常理的方法有时更能轻松说服”是说在说服别人的时候，不要按部就班，而要采取一些不合规矩的方法和策略，从而打破对方的心理准备，在别人措手不及的时候，被你说服，以达到顺从你的结果。

如果对方知道你想说服他，就会做好相应的准备，这时候，你再按照常理说出你的说服之词，势必会遭到对方的回应，导致你的说服失败。相反，如果你使用一些有违常理的方法，说一些别人猜不到的理由，往往会让别人措手不及，失去与你对抗的能力，从而乖乖地束手就擒。那么，在说服他人的时候，究竟有哪些违反常理的方法和措施呢？

1. 走反路线，打破别人的内心期待

俗话说：“知己知彼，百战不殆。”你明白这个道理，别人也明白。所以，对方得知你想要说服他，必定按照常理制定相应的策略。如果这时候，你再按照常理说服，那么必定会徒劳无功。这时候，你就要走反路线，打破对方的心理期待。

比如，作为父亲，你想要说服儿子放弃就读外省高校，如果你找一大堆理由证明儿子的选择是错的，那么儿子自然会找理由来证明自己是对的。相反，如果你站在他的角度上说明他的选择是对的，那么，他的心理期待便会落空。当然后续还要跟进从他的立场考虑。

2. 胡乱出牌，打乱对方的对抗节奏

俗话说："兵来将挡，水来土掩。"如果你按照常理，打出你的进攻牌，那么别人必定会按照常理准备好克制你的方法。这时候，如果你不按常理出牌，则会打乱对方的对抗节奏，继而失去与你对抗的能力。

比如，有开发商想买某块风水宝地，而遭到了钉子户的拒绝。对于钉子户来说，最关注的是价钱。如果开发商从谈钱的角度入手，势必遭到钉子户的一系列对抗。如果从居住的环境和出行方便等角度入手，则打乱了钉子户对抗的方寸。

3. 出奇制胜，冲破别人的思维牢笼

一般情况下，人的思维是有一定限度的。你有一定的限度，别人也有一定的限度。如果你冲破别人的这个思维限度，那么对方往往不知所措，而被你说服。

比如，女方的父母不同意女儿的婚事，作为男方，就要从婚后在女方家里生活，孩子随女方姓，或者是大幅度提高彩礼说服他们。按照常理，这些都是不可能的，女方也没有做好相应的考虑，自然不好再做刁难。

很多人总是抱怨别人是"厕所里的石头，又臭又硬"，不好说服。事实上，没有办不成的事情，只要不正确的方法。别人之所以不肯妥协，是因为他们知道了你所出的每一个招式，自然和你对抗到底。这就要想办法，用违反常理的方法和措施，让别人捉摸不定。当你出奇招应对他们时，对方自然不知道如何招架和应对。被你说服也就是理所当然的事情了。

借助神态助你说服别人

“说话的种种神态助你说服成功”是说在对别人进行说服的时候，要根据遇到的抵抗的强弱，对方性格的强弱以及揣摩拿捏好别人的心理，在合适的时候，表达出与言语相匹配的适当表情，以增加你说服之词的效用。

人的神情往往能将一个人的内心情感真实地反映出来。同样，在说服别人的时候，除了用语言传达你的游说之词外，还要用你的神情表达你想要对方顺从你的意愿。这样，全方位地对对方有了一个想要说服别人的立体网。当然，你的表情不能模式化，要根据遇到的抵抗的强弱以及对方性格的柔韧程度来选择合适的表情，表达适当的情绪。那么，究竟如何用说话的神态帮助你成功说服别人呢？

1. 遇到疑惑时，要用眼神表达真诚

一般情况下，人需要的只是一份尊重。尤其是你的话对别人有了一定的影响之后。在这个时候，对方在妥协和对抗之间犹豫徘徊。如果你的态度诚恳一些，往往会让别人产生信赖，继而顺从你。相反，如果你的态度不好，别人则有可能选择与你对抗到底，增加你说服的难度。

比如，你是一个销售员，打算说服客户放弃原先的合作者与你合作。当你的游说之词起了一定的作用之后，一定要真诚地望着客户，然后点点头，这样，在很大程度上会让客户作出与你合作的决定。

2. 遇到别人顽强抵抗时，要严肃些

当说服对象很难缠，让你感觉棘手的时候，不妨用锐利的眼神、微微下拉的嘴角等严肃表情，来和对方进行暗中的较量。因为这时候，对方和你拼的是内力。你的严肃表情也会让对方产生恐惧心理。

比如，在保险赔付的过程中，对于保险员给出的价钱，如果你不满意，对方又不再提高赔款的时候，你不妨用眼睛死死地盯着他看，然后面如死灰，尽量地表现你的镇定和不可妥协。

3. 对方性格柔弱要表现出强大气场

人的性格不同，说服别人的时候也要根据对方的性格来表达适当的情绪。如果被说服者的性格很柔弱，那么你就要从眉毛、眼神以及嘴角上表达出你的强烈气场，用气场牢牢地控制住对方。事实上，当一个人被你的强大气场所笼罩之后，即使口才再好，也没有勇气继续与你对抗。你不用多说话，就能让对方乖乖地听从你的安排，顺从你。

很多时候，我们以为说服别人要有雄辩的口才才行，当然，这也是必不可少的因素，甚至是决定性的因素。但是，却不是唯一的条件。人在选择是否顺从别人的时候，往往还会通过面部的表情来试探对方的态度。这时候，就需要你在言语表达的同时，还要用合适的表情加以辅助。让别人从你的言语中，从你的表情中洞察无法再继续与你对抗，这样，你说服所遇到的阻力会大大地减小。

旁敲侧击，让对方彻底明白

“旁敲侧击说服对方”是说在说服别人的时候，通过说一些与别人的软肋相关的话，让对方在和你的对抗中有所顾忌，从而让你更加轻松地俘获他的心，进而顺从你，最终达到被你说服的效果。

人都有自己的软肋，或许是曾经失败的一次婚姻，或许是在乎的某个人，只要提及与之有关的话题，往往会比较敏感。同样，在你说服别人的时候，要拿捏住别人的软肋，适当地旁敲侧击，让别人对你有所顾忌，自然会考虑适当的妥协，顺从你。旁敲侧击的时候一定要注意用词，切不可激怒别人，导致对方和你誓死对抗。那么，如何旁敲侧击对方的软肋，以达到说服别人的目的呢？

1. 提及与之相关的词语进行暗示

一般情况下，人对于自己的软肋往往比较敏感，关注度比较大。只要是听到与之相关的词语，便会警觉起来。当你掌握了别人的软肋，再对他进行说服的时候，不妨提及与之相关的词语，让对方内心有所顾忌。

2. 巧妙利用好双关语，借此言彼

当你发现你的说服对象的软肋之后，在说服的时候不妨借助身边的场景，说两句双关语，把你的言外之意表达出来，让对方在和你所博弈当中始终受你所制。比如，你得知对方很在乎一个名字里有“梅”的女孩子，那么在说服他的时候，不妨说一两句“望梅止渴”或者“傲雪残梅”等，你说的是成语，却让对方感觉到受了威胁，从而受制于你。在你对他进行说服的时候，遇到的抵抗就会小很多。

3. 提及与之类似事情，指桑骂槐

世上的事情，往往有很多的相似性。当你所表达的事情与对方的软肋相似的时候，往往会触动对方内心最敏感的那根神经。在你说服他的时候，他的气场会软化很多，而且言语上的攻势也会有所缓和。

比如，有人做生意失败了，一下子背了一屁股的债。如果你说：“赔了夫人又折兵”或者“捕鸟不成，反噬一把米”，则会让对方很容易想起那段失败的经历。这样，你在进一步的说服中就会占据绝对的优势。

很多年轻人在得知别人的软肋之后旁敲侧击的时候往往拿捏不好度，结果踩到了别人的雷区，惹怒了对方，继而引起了对方的激烈抵抗。因此，在说服别人的时候，一定要拿捏好“旁敲侧击”的度，注意旁敲侧击的方式和方法，既能让对方对你有所顾忌，又不要揭开对方的伤疤，惹恼对方。只有这样，你才能利用对方的“软肋”而让对方顺从你。

4. 声东击西，混淆视听能让对方接受

“声东击西扰乱对方视线的说服方法”是说在对别人进行说服的时候，巧妙地转移对方的注意力，从而降低在说服过程中所遇到的抵抗，让你的说服在悄无声息中得以实现。

“明修栈道，暗度陈仓”说的是利用表面现象迷惑别人，而背地里悄悄地达到自己的目的。通俗地说，就是“声东击西”。

在对别人进行说服的时候，如果对方采用相应的方法应对你的说服时，不妨采用声东击西的办法，把对方的注意力吸引到别处，为你的关键说服点找到一个暂时的空间漏洞，从而轻松地将别人辩得哑口无言，被你支配和驾驭。那么，如何做到声东击西，扰乱别人的视线呢？

1. 用言语对对方进行错误的诱导

通常，别人会从你的言语中判断出你的意欲何在。那么，在对别人进行说服的时候，不妨对他进行错误的诱导。继而让他作出错误的判断，当对方处心积虑地对你的围追堵截的时候，你已经在悄无声息中将对方的心俘获了。

比如，丈夫爱吃面，而妻子爱吃米饭。那么作为丈夫，在说服妻子做面食时，就要多说食物的营养价值，然后再悄悄地将面食的营养价值高于米饭的事实巧妙地引出来。这时候，妻子再与你辩论吃面还是吃米就显得多余了。

2. 把你的说服之意隐藏在表现后

有些话如果你直接说出来，势必会遭到别人的激烈抵抗。这时候就要学会扰乱对方的视线，把你的说服之意隐藏在表现之后，巧妙地让别人接受你的想法，从而达到说服。

比如，你想接母亲回城里治病，但是妻子很不愿意。你不妨做一顿好饭，就说是母亲曾经教你的，把你的说服之词暗送到妻子的心里。从而让妻子同意接母亲回城里治病。在这个过程中，无疑你很好地达到了说服。

3. 峰回路转找好理由杀个回马枪

当你说的不是别人内心期待的话，对方就会放松对你的警惕，继而顺着你的意思去思考。关键时候，再峰回路转，杀个回马枪，让别人措手不及，从而被你说服，受你驾驭。比如，你说服哥哥赡养父母，如果说一大堆理由势必会遭到哥哥的抵抗，这时候你不妨多谈兄妹之情，当哥哥松懈下来的时候，再延伸到父母的身上。这样，哥哥便再也没有理由拒绝你的提议和建议了。

很多人利用声东击西扰乱别人的视线的时候，往往顾此失彼，最终不但没有达到说服别人的目的，反而却被对方说服。因此，在声东击西的时候，一定要弄明白，你的“东”在哪里，“西”在哪里，找好转折点和落脚点，明白自己的枪要打到哪里。这样才不至于慌乱不堪，被别人钻了空子。才能在说服别人的时候占据绝对的主动。

在对方还没找到借口前把对方说服

“在对方找借口前先一步说服他”是说在说服对方的时候，要让自己表现得强势一些，不要给对方思考的时间和空间，抓住对方脑子里的空白点，迅速地把你的观点和想法灌输进去，致使对方被你轻松地说服。

通常情况下，当一个人被别人说服的时候，往往会找借口，找理由来进行辩驳和反抗。如果在这个过程中，别人找到了合适的理由和借口，无疑增大了你说服的难度。但是，如果你能抓住别人找借口的这个思维空白点，加强攻势，让他人对你顺从，那么你的说服就变得非常轻松和容易。但是，说起来容易，做起来未必简单和顺利。究竟如何在对方找借口之前先一步说服他呢？

1. 语言的逻辑性一定要强

当你的语言逻辑性较强的时候，往往给对方无形的压力。因为他在你严密的逻辑之下，找不到任何的反驳点。除非他的表达比你更有逻辑，否则只能被你说服。而事实上，在短时间内人是无法迅速地找好借口和理由来反驳思维严密的说服的。

比如，对于女儿的不婚决定，作为父母的不妨从男大当婚，女大当嫁的角度说，把话说得无懈可击。女儿一时半会儿找不到合适的反驳理由，只好哑口无言，默默接受父亲的说服。

2. 你的气场绝对不能弱化

如果你的气场绝对的强势，那么别人的思维就会受你影响，变得相应的迟钝一些。在你说服他的时候，便没有办法迅速地集中注意力找借口和理由，当对方理屈词穷的时候，便对你的攻势失去了招架之力。

比如，你想要儿子放弃玩游戏，好好学习。不妨说："你为什么要玩游戏？玩游戏对你有什么好处吗？能帮助你成长吗？"通过这一系列的反问，营造强大的气场，让儿子根本没有机会找理由和借口反驳你。

3. 挤对别人思考的空间和时间

人思考需要一定的时间和空间。如果时间充足，任何人都能找到足够的理由和借口来应对别人的说服。因此，在说服对方的时候，要削减他思考的时间和空间，让他找不到借口和理由反驳你。

比如，你和别人进行业务谈判的时候，你需要别人迅速签合同，不妨这么说："你觉得我们的合作有问题吗？没有问题的话请你尽快签合同，我好向公司汇报。"在你的催促下，对方便不好意思再找借口和理由了。事实上，也没有时间和空间去找借口。

很多人觉得只要自己理由充分，一定能将别人说服。因而在说服别人的时候，总是摆事实，讲道理，尽显自己的沉稳。事实上，在这个时间和空间里，别人的大脑也在迅速地运转着，等你把理由说出来的时候，对方早已经想好了应对之词。这样，你会非常的被动，而且还有可能被对方引导，顺着他的思维去思考，被他说服。因此，在说服别人的时候，脑子运转一定要快，不要给别人思考的时间，要在别人找借口和理由的时候，迅速地将他说服。

第五章

注重表达，该怎样照顾对方的面子

“拒绝”要怎样表达才得体

“‘拒绝’怎么说出口”是说在不委曲求全的前提之下，尽量地想办法避免伤害别人的感情。这就需要在语言表达上下一番工夫，把话说得巧妙一些。让别人意会你的拒绝之意，而不用你去言传。以达到不伤害别人的感情，也不为难自己的目的。

对于很多年轻人来说，拒绝别人是一件非常难为情的事情。因为对方的要求被拒绝，心里会有落差，会受到伤害。俗话说：“承诺就是责任。”如果不懂得拒绝，那么，就要履行对对方的承诺，这会给自己带来很多的麻烦。这就是我们这里所探讨的如何将你的拒绝之意表达出来的问题。既要将你的拒绝之意表达出来，又要尽量避免别人的情感受伤害，这就需要一定的技巧。那么，究竟如何做到这一点呢？

1. 把话说得委婉一些

通常情况下，我们在求人帮助的时候往往很真诚。一旦被人拒绝，心里就会产生落差，觉得自己受了伤害。这就要求我们在拒绝别人的时候，要学会把话说得委婉一些，你的委婉传达是你对于无法提供帮助表达出的歉意。

比如，别人找你借钱，你拒绝别人的时候不要说“不借”，你要说“我最近也不怎么方便”或者说“孩子最近也要上学”等。

2．通过自贬传达拒绝

故意贬低自己，暗示对方我没有能力帮助你，以此来破坏自己在对方心目中的形象，进而降低对方的期望值，达到拒绝对方的目的。这样就避免了直接拒绝的尴尬。

比如，别人想找你帮忙维修锅炉。若你不愿意，那么不妨跟对方说自己多么无能，这样对方便不好意思再提要求了。要学会先在对方面前贬低自己，多说自己的缺点和不足，多强调自己的问题。这样一来，对方从你的自我贬低中便明白了你拒绝的意愿。因为对方有求于你，自然是肯定你的，那么你自动贬低，回馈给对方的自然是拒绝。

3．通过恭维戴“高帽子”

吹捧对方，让对方明白自己很了不起，很能干，很有本事。那么，无形中告诉对方，你这么有本事，这么能干都做不到的事情，我一个无名小辈怎么能做得到呢？

比如隔壁的王叔叔希望你帮助他卖房子。你可以恭维王叔叔人脉有多广，有多好相处，有多会做买卖等。这样，你的拒绝之意随同恭维一起传达给了对方。所以，当别人听到你不停地恭维对方的时候，自然明白你不愿意应允。

很多人人缘好，面轻软，总觉得拒绝对方是一件令双方都很尴尬的事情。将“不可以、不行”这样的字眼说出来，总觉得不合适，会伤害彼此之间的感情，会拉远彼此之间的距离。但是承诺下来又做不到，就会陷入深深的自责当中无法自拔。事实上，大可不必如此。只要你学会把拒绝的话说得巧妙一些，说得隐晦一些，这样完全可以避免直接去伤害别人，又不至于让自己委曲求全。

借助好心态，态度自然地表达拒绝

“请你自然说‘不，’是说在拒绝别人的时候，要正确认识“拒绝”，不要因为担心伤害别人而饱受内心的煎熬，这样你才会真正地学会拒绝，学会长大。

很多人总是不好意思拒绝别人，在拒绝别人的时候又是点头，又是哈腰，似乎在请求对方放过自己。即使勉强拒绝了别人，也觉得亏欠了对方，良心深受谴责。事实上，完全没有这个必要。你并不亏欠对方什么，也没有那个责任必须去答应别人。相反，拒绝是你的权利，能更好地维护你自身的利益。所以，从这个角度上说，拒绝时要自然地说，不要不好意思，更不要感到愧疚。那么，如何才能做到自然地说“不”呢?

1. 态度和蔼些很有必要

很多人往往很难把拒绝的话说出口，当下定决心拒绝对方的时候，把自己的坚定决心通过情绪表达了出来。这无形中促使自己在拒绝对方的时候和对方产生了对抗的情绪。或许对方被你拒绝之后，尽管心里不舒服，但是并没有打算和你对抗，你的严肃情绪则勾起了对方的对抗情绪。

比如，王二向张三借钱。如果张三笑着说：“我现在也不宽余。”张三便知趣地走了。如果张三阴着脸愤恨地说：“没钱!”那么，在王二的心里，已经嫉恨上了张三。王二会嘀咕道：“不借就不借呗，那么横干什么啊？”

2．语气一定要坚定一些

在拒绝别人的时候，尽管要和蔼一些，但是也不要嬉皮笑脸，随便和对方开玩笑。否则，对方会觉得你的拒绝有可回旋的余地。自然会软磨硬泡，最终获得你的应允。

比如，男生向女孩示爱，女孩不喜欢这个男生。但是她笑着说：“咱俩不合适。”结果，男生觉得女生出于矜持而拒绝自己，于是勇敢地走过去牵起女孩的手。可是女孩心里不喜欢他，但是结果却勉强地做了男生的女朋友。

可见，在你拒绝别人的时候，态度要适度地严肃一些，口气要坚定一些，不要随便嬉笑，用语上也要注意，不要用模棱两可的词，比如“可能”“或许”等。

3．要挺直腰板直视对方

即使拒绝别人，也要把腰板挺直了。千万不要觉得拒绝对方，伤害了别人的感情而内心愧疚，事实上你并没有做错什么。你没有责任和义务必须帮助别人做什么。

如果你帮助了对方，对方应该感激你，如果你拒绝了对方，对方也会表示理解，而不是生气和憎恨。当然，在表达的时候要注意你的态度。如果你过分地自责，点头哈腰，内心觉得亏欠别人。那么，对方很有可能抓住你的这种心理而要挟你。

很多年轻人刚刚步入社会，往往在拒绝别人的时候感觉不好意思。手也没处放了，说话的声音也颤抖了，甚至连看对方的勇气都没有了。事实上，没有这个必要。你并没有亏欠别人什么，不是吗？你没有主动去伤害别人，别人自然不会记恨你。

表达拒绝也不能伤了和气

“拒绝也要以和为贵”是说在拒绝别人的时候，表情语气要和蔼，多照顾对方的情绪，及时消除对方因遭到拒绝所受到的伤害，避免对方产生敌对情绪。

很多人在拒绝别人的时候，往往态度过于严肃，甚至把拒绝之意通过情绪表达出来，这无形中对方产生了敌对的情绪。同时，当一个人被别人拒绝之后，情感受了伤害，内心多多少少对你有些不满，再加上你的恶劣情绪，自然也会把你当成敌人。这就是很多人害怕拒绝别人的原因。

事实上，大可不必如此，敌人是你自己树立的。你不对对方产生敌对情绪，对方怎么会无缘无故地恨你呢？这就是我们在这里要说的，拒绝也要以和为贵。那么，如何才能做到这一点呢？

1. 态度要和蔼一些

别人请求你的帮助，即使你拒绝别人，也要面带微笑，和蔼一些。事实上，别人并没有逼迫你，你大可不必有太大的敌对情绪。尽管别人被你拒绝了，内心会有落差，感觉到受了伤害，但是你的和蔼态度反而让对方没有办法记恨你。

比如，有邻居想要借你新买的自行车，你不愿意外借。可以微笑着说：“这是给孩子买的。”对方借不到车，但是你礼遇他，对方也不会生气。如果你怒气冲冲地说："不借!"别人不会因为你不借车而生气，却会因为你的态度恶劣而嫉恨你。

2. 略表自己的歉意

通常，我们在拒绝别人的时候，都会说："不好意思"或者"对不起"，这倒不是说你拒绝别人犯错了，而是因为你拒绝别人，给对方的情感带来了伤害，表示歉意。当对方接收到了你的歉意，自然不会对你产生不满。否则，别人或许会把因被你拒绝产生的不满加到你的身上，从而伺机报复你。

比如，当你的同学邀请你参加聚会，不巧的是你有事，这时候你要说："实在很抱歉，我刚好有事。"对方也会理解你。如果这时候你说："不去"或者是"不想去"，势必会伤害对方的情感。

3. 要帮对方出主意

或许是别人需要你的帮助才向你求助的。但是你又不愿意为了帮助对方而委屈自己。此时在拒绝了对方之余，还要帮助对方出主意来解决问题。

比如，你的好朋友遇到难处，向你借钱，你要这么说："实在很抱歉，我最近手头也比较紧，要不你问问小王，他应该有富余的钱。"这样，设身处地地为对方着想，即使你拒绝了别人，也会让别人对你感激不尽。

很多年轻人在拒绝别人的时候，往往口气坚决，一口回绝，不管别人的心里是什么感受。这样，无意之中为自己树立了一个敌人。时间久了，你周围的人际关系会不断地恶化，这对于年轻人来说并不是一件好事。事实上，你只是表达你的拒绝，完全没有必要和别人树敌。只要你学会拒绝别人，你一样可以和他们做朋友。因此，作为年轻人，一定要学会拒绝，以和为贵，不要轻易去得罪别人。

掌握几点拒绝他人的表达技巧

“说好拒绝之言的技巧”是说在拒绝别人的时候，注意说话的方式方法，把你的拒绝之意传达给对方，尽量避免对方受伤害，因为拒绝而得罪别人。

同样是拒绝别人，有的人能把拒绝之言说得天衣无缝，不但没有因此而得罪别人，反而赢得了友谊，而有的人却说得漏洞百出，到处树立敌人。

关键在于，前者会说拒绝之言，把话说得恰到好处，给对方留足了面子，维护了对方的尊严。而后者却只顾着表达自己的不情愿，而伤害了对方的情感。那么，究竟如何才能把你的拒绝之意表达出来，而又不伤害对方的情感呢？当然，这是有一定的方法和技巧的。

1. 拒绝之前，认真倾听

有些人一听到别人有求于己，不等对方说完，便直接摇头摆手表达了拒绝。事实上，这时候无疑伤害了对方的情感，让别人觉得很没面子。在对方向你请求帮助的时候，对方很真诚，可是却遭到了你的冷漠对待，别人自然会记恨你。事实上，即使你不答应别人，也要认真地倾听对方的请求，这是对别人最起码的尊重。

比如，刘大找到了赵二，说：“兄弟，你看手头方便不，借我500元，孩子上学……”没等刘大说完，赵二便摇着头说：“没有，没有。”刘大脸上红一阵，白一阵，尴尬地走了。从那之后，刘大和赵二再也没有说过话。

2. 为自己找好可信理由

通常别人向你寻求帮助，会说出理由，让你明白他需要你的帮助。这时候，如果你想要拒绝对方，当然也要找好理由，让对方明白，不是你不想帮助他，而是你没有办法帮助他。这样，对方自然不会记恨你。

比如，隔壁的王阿姨非常繁忙，想要你帮忙辅导孩子功课。你拒绝的时候就要说：“对不起啊，王阿姨，我最近晚上得加班，没有时间。”这样，王阿姨觉得不是你不帮助她，而是因为没有办法帮助她，自然也会理解你。

3. 多表达你的关心慰问

别人向你寻求帮助的时候，把自己的难处说了出来。尽管你没有办法帮助他，但是也要把你的关心和慰问表达出来，让别人觉得你很有人情味，自然不会生你的气。

比如，朋友的孩子生病住院了，手头的钱不够，向你借钱。你在拒绝的时候，要这样说：“严重不？一定得找个好医生啊。实在很抱歉，我手头也不宽裕。”这样，尽管对方被你拒绝了，但是依然感激于你。

很多人在拒绝别人的时候，拿捏不好分寸，觉得拒绝的话说得不够到位，别人会死缠烂打，事实上，并不是每个人都那么厚脸皮，强迫你帮助他。只要你把自己的难处说给他听，对方也不好意思再为难你。

当然，有时候还需要你说一些善意的谎言来敷衍别人，目的只是避免给自己带来麻烦，而不是去伤害他人。具体的表达还需要根据具体的情景作揣摩和思考，尽量避免别人的这份真诚的心受伤害。

懂得拒绝让你在工作中免去很多烦恼

“在工作中懂得拒绝的方法”是说身在职场，在拒绝同事和领导的时候，要学会把话说得巧妙一些，以拒绝同事强迫的建议，回绝领导命令式的要求，从而更好地维护自身的利益。

身在职场，有时候让很多年轻人感觉非常苦恼。明明晚上和男（女）朋友一起逛街，却不得不被领导临时宣布的加班决定而取代。本来计划周末要好好陪陪家人，却被一个电话叫到了公司参加会议。可能很多人觉得，自己要靠这份工作糊口，而不好意思随便拒绝。事实上，大可不必如此，你上班的时间是固定的，在休息时间完全可以拒绝领导的工作安排。当然，拒绝领导也是有一定的技巧。那么，在工作中究竟如何去表达拒绝，又不至于得罪别人呢？

1．拒绝同事指点时多说谢谢

在工作当中，很多时候，当你认真地去完成领导交代的工作的时候，往往会有很多的同事对你指指点点，建议你这么做，那么做，对你造成一定的干扰和影响。如果这时候，你不懂得拒绝，往往会把事情做得一塌糊涂。

比如，领导安排你去做好员工的考勤。同事们七嘴八舌，有的建议你做个考勤表，采用登记方式。有的建议你采用刷卡方式。最后导致你不知所措。这时候，你不妨对他们多说谢谢。主意自己拿。

2. 拒绝领导安排时懂得示弱

很多时候，当你手里的活还没有干完，领导又安排你做另外工作，让你不能静下心来完成当前的工作。这时候，就要学会在领导面前示弱，拒绝领导的使唤。

比如，你在认真地做一个设计，可是刚做了一半，领导叫你去复印文件，几分钟之后，领导又叫你去送材料。这时候，你可以说："对不起啊，领导，我肚子有些不舒服。"这样，领导便不好意思再随便使唤你了。

3. 找个重要的理由表达拒绝

有时候，同事总是找你帮忙做这做那，事实上你有自己的工作要做。或者是在休息时间接到了领导要求加班的电话。这时候，如果你不懂得拒绝，就会让自己身心疲惫。不妨找个重要的理由来表达你的拒绝。

比如，你可以对同事说"经理急着要我手头上报表呢。不好意思。"可以对领导这样说："我正在外地呢，一时赶不回来啊。"这样，同事便不好意思再要求你帮助他了。领导也只能无可奈何地挂断电话。

很多初入职场的年轻人总是不好意思去拒绝同事和领导的要求，生怕拒绝了同事而得罪了他们，担心给领导留下不好的印象，影响自己职业生涯的发展。事实上，你大可不必如此。只要你学会有技巧地拒绝，一样可以将他们不合理的要求和建议拒之千里之外，维护自己的利益。当然，除了以上的几点技巧之外，在实际应对中，还需要你多学习和总结。

4. 不会让对方伤心和难看的拒绝话

“不会让对方伤心的拒绝话”是说在表达拒绝的时候，注意说话的方式、方法，尽可能保护好对方的心免受伤害，从而把你的拒绝之意完美地表达出来，而又不会得罪对方。

生活中，我们在遇到困难的时候，往往有求于人，当遭到对方的拒绝后，感情受了伤害，会很伤心。当别人被你拒绝之后，伤心失望的时候，往往你也会受到良心的谴责。这也是很多年轻人不会拒绝别人的原因。

如何既拒绝了别人，又不伤害对方的心呢？这就需要学会说拒绝的话，把拒绝的话说到对方的心里。当然这并不是一件容易的事情，需要学习一定的语言技巧。那么，究竟如何说话既能拒绝别人，又不伤害对方的心呢？

1. 拒绝的同时传达你的温暖和爱

一般情况下，别人向你寻求帮助，自然是情况万不得已，不然谁会拉下脸来求人呢？但是，如果你答应了对方，又会让自己陷入尴尬，或者是让自己的利益受损。这时候就不得不拒绝别人。但是在拒绝了对方的时候，一定要把你的温暖和爱传出去。这样，在一定程度上能温暖对方的心，让别人免受被拒绝的伤害。

比如，邻居得了急症，急需用你的车，可是你的车借人了，这时候，你不得不拒绝对方。拒绝的时候，要多询问对方病情是否严重，如果有可能要尽量地帮助对方想办法。之后也要及时打电话表达关心。

2. 不要用一些过于直接的拒绝词

当对方有求于你的时候，如果你说“不行”“不可能”，势必会使对方受到伤害。这时候，你不妨把话说得委婉一些，比如说："实在是太忙了"或者是"可能不怎么合适"等。对方理解你的难处，自然心理上也能接受被你拒绝的事实，内心也不会有太大的落差，不会受伤害。当然，需要怎么说是需要在实际生活当中拿捏和揣摩的。

3. 表达拒绝的同时要表达出歉意

别人向你提出帮助自然是很相信你，你的拒绝势必会破坏对方对你的信任。这样，对方的心会很受伤，你也会受到良心的谴责，内心不舒服。在表达拒绝的时候，一定要把这份歉意表达出来，进而赢得别人的理解。

比如，有朋友结婚缺钱，向你借钱。你在拒绝的时候，要这样说："实在很抱歉，你看我手头也紧张，也帮不了你。别的需要帮忙的话，你尽管说。我一定效劳。"这样，对方理解你的难处，内心自然就不会受到伤害了。

很多年轻人要么不会拒绝，要么拒绝别人的时候，不懂得保护别人的心，而伤害了对方。尽管你没有委任必须帮助他人，但是你伤害他人的心就会给自己的良心背负上责任。同时，也会给你的人际社交带来一定的障碍。因此，对于涉世未深的年轻人来说，要学会拒绝，更要学会在拒绝别人的时候保护对方的情感免受伤害。这就需要我们在拒绝的时候，把话说得巧妙一些，温暖一些。

借用幽默，让表达拒绝的话轻松出口

“用幽默的语言拒绝他人”是说在别人向你提要求的时候，要通过开玩笑或者说一些幽默的话把你的拒绝之意表达出来，让别人放弃对你提要求，而又不至于伤害对方的心。

通常，别人有求于你的时候，是很严肃的。同样，在你拒绝对方的时候，也是件严肃的事情。因为严肃，所以很容易伤害别人的情感。如果这时候，你能采用幽默的方式，缓和交谈的气氛，那么你的拒绝也会让别人心情愉悦，而不会因此受到伤害。这就是说我们所说的用幽默的语言拒绝他人。当然这并不是一件容易的事情。那么，如何用幽默的方式拒绝别人呢？

1. 要把对方的要求玩笑化

别人有求于你的时候，往往态度很严肃，因为对方很真诚，希望得到你的应允，如果你严肃地回绝对方，无疑会伤害对方的心。这时候，要学会把对方的要求玩笑化，让对方自动地放弃所提出的要求。

比如，你的同学让你帮助他找工作，你不妨笑着说：“你真会开玩笑，我现在都在生死线上拼命地挣扎呢，你又来蚕食我，还有没有天理啊。”对方从你的玩笑中听出了你的拒绝之意，只好作罢。

2. 对自己进行夸张的贬低

生活中，别人有求于我们，那是因为对我们有良好的内心期望，觉得我们能够帮助他。这时候，不妨故意贬低自己，暗示对方我没有能力帮助你。以此来破坏自己在对方心目中的形象，进而降低对方的期望值，从而达到拒绝对方的目的。当然贬低自己的时候，说得越夸张，对方越不好意思再要求你。

比如，别人向你借钱，你不妨开玩笑地说："行了，你就别哭穷了，我都几个月不知肉味了，就连身上穿的衣服都是人民群众施舍的。"

3. 形象的对比，幽默的恭维

吹捧对方，让对方意识到自己很了不起，很能干，很有本事。那么无形中告诉对方，你这么有本事，这么能干都做不到的事情，我一个无名小辈怎么能做得到呢？

比如，别人向你借钱，你可以说："你看看你大腹便便，腐败成这样了，肚里多的是油水，再瞧瞧我，典型的小萝卜头。"这样，在你的形象的对比之下，自然对方不好意思再向你借钱了。

当然，要想让你的拒绝幽默化一些，让交谈的氛围轻松一些，就要学习一些生活中的幽默方法。比如多看一些幽默的剧目，多记一些幽默的台词，善于应用现场的情景制造幽默等，这样，在面对别人提出的请求的时候，就能随机应变，幽默地拒绝，既能让对方体面地下台，又不至于伤害对方的情感。这需要年轻人在生活中多去积累，多去练习。

拒绝要表达得有理有据，让对方接纳

“给自己找个好理由再拒绝对方”是说在拒绝别人的时候，要找好借口，让对方理解你进而最终接受拒绝，避免因此而伤害彼此之间的感情。

很多年轻人觉得，别人向自己提要求，不愿意或者不想答应就直说了，忠于自己的心，至于别人怎么想那是对方的问题。没必要为别人的情绪负责。乍一听，也有一定的道理。但是再仔细一想，就有问题了。

每个人都生活在群体中，如果你总是让别人的情感受伤害，那么，难道别人不会伤害你吗？长此以往，你的人际关系就会很糟糕，这给你的发展带来了相当大的阻力。可见，在拒绝别人的时候，一定要找个好理由，让别人觉得被拒绝也是能理解的，因此而不会记恨你。那么，究竟如何给自己找个好理由来拒绝对方呢？

1. 以时间忙为借口表达拒绝

通常情况下，拒绝别人要求的时候，不妨用时间忙为借口。当然你要告诉对方你为什么忙，让别人确信无疑。自然不好意思再要求你，也不会记恨你了。

比如，妈妈要女儿去买醋，女儿说：“我很忙，我现在在做作业。”这样，妈妈便不好意思再要求了，因为她知道女儿确实忙着做作业。当然，还可以以你将要做的事情为借口来拒绝对方。比如邻居要你帮忙修电灯，你不想去的话，可以说："不好意思啊，公司有会议，我正在赶时间呢。"

2. 以能力弱为借口表达拒绝

有时候别人总是没完没了地麻烦你，这时候，你不妨以能力弱为借口来拒绝对方。

比如，邻居大姐求你帮助她的孩子补习英语。这本来是件很容易的事情，但是你工作繁忙，想拒绝，不妨这样说："不好意思啊，我对英语没有感觉，上学那会儿，一到英语课就打瞌睡。高考英语才蒙了几十分，实在很抱歉。"这样说，别人自然也就不好意思再麻烦你了。

当然，以能力弱为借口表达拒绝的时候，千万不要为对方识破，否则就会尴尬了。

3. 以没有或者是坏了为借口

很多时候，身边的人总是向你借东西。对于一些比较重要的东西，你不愿意借给对方，那么就要以没有或者坏了为借口。

比如，好朋友想借的笔记本电脑，你不想借他，不妨说："很抱歉，我的笔记本电脑电源出了问题，送去维修了。"这样，便很好地拒绝了对方，不是你不愿意借，而是你没有办法借。当然，这样表达的时候，也不要让对方看到为好，否则，你的借口就穿帮了。

很多年轻人拒绝别人的时候，理由听起来非常勉强，对方如果稍微一辩解，就陷入了尴尬境地，最终被对方要挟顺从。因此，在找借口和理由的时候，要给自己留好后路，让自己有自圆其说的空间。当你有充足的理由来拒绝别人的时候，即使对方再刁钻，再难缠，也不能强迫去顺从他。有时候人情强迫往往让人受不了，这也是会让很多年轻人痛苦和烦恼的地方。

对于不同的人，拒绝时要注重表达方式

“拒绝不同的人把握不同的分寸”是说在拒绝别人的时候，根据对方的性格脾气、所提要求的强弱、要求人的身份和关系来确定合适的拒绝方式和拒绝分寸，以达到拒绝的目的。

每个人的脾气性格不一样，有的人感受到别人的拒绝之意后，便不好意思再提要求，而有些人则软磨硬泡，死缠烂打，找各种理由和借口逼迫你答应他的要求。因此，拒绝他人的时候，对于不同的人要把握好不同的分寸，具体问题具体分析。这样才能对症下药，很好地把你的拒绝之意表达出来。那么，如何根据不同的人把握不同的分寸呢？

1．根据人的性格脾气

有的人脸皮比较薄，提要求的时候很不好意思。对于这种人，拒绝的时候也要表达出你的歉意，拒绝的话要说得委婉一些。有的人脸皮厚，向你提要求理直气壮，对于这种人拒绝的时候就要义正词严。面对他们的死缠烂打、软磨硬泡要置之不理，让他们明白根本没有用而自动放弃。有些人脾气耿直，提要求的时候说得很直接，拒绝他们的时候也要直截了当，避免对方听不明白你的弦外之音而误会你。

2．根据所提的要求的强弱

有的人提的要求很弱。比如，“我好像看你上次在看一本

《西游记》，不知道最近方便不，我想借阅一下，如果不方便就算了。”对于这样的要求，你一般不好意思拒绝。即使要拒绝，也要充分地表达出歉意。“实在不好意思啊，刚刚借给朋友了，等还回来的时候我第一时间借给你。”

当然，如果对方提的要求很强烈，比如，有人对你吼道：“给我个苹果！”如果对方在开玩笑，你也要笑着说：“不给，自己去买。”两人都在开玩笑，谁也不会计较。如果别人很严肃，你不妨也严肃地说：“为什么？”这样，在你的质问下，别人便哑口无言了。

3．根据要求人的身份关系

同样是提要求，如果对方的身份比你高，那么要求就成了命令，既然是命令，那么就没有商量的余地。

比如，父亲说：“晚上十点前你必须回家。”对于这种长辈和领导的命令，拒绝的时候一般不要用言语，而要用实际的行动。比如，实际上你每天晚上回来的时候都到11点了。

对于关系不错的朋友，你完全可以直接表达，但是前提是不伤害彼此之间的感情。既然是关系好的朋友，那么自然不会轻易计较。

很多年轻人在拒绝别人的时候，往往不分具体的情况，不看具体的人，一概而论。结果对于有些人来说，你的话太重了，伤了他们的心。而对于有些人来说，你的话却没有起到相应的作用，最终你被别人强迫顺从。这样，你身边的人际关系同样是一团糟。因此，对于涉世未深的年轻人来说，要学会根据不同的情况，不同的人采取不同的方式表达拒绝，以及把握好表达拒绝的分寸。

第六章

注重表达，说话要投其所好

表达中怎样“破冰”

“‘破冰’须用巧言”是说一旦产生误会或矛盾，可以通过你的主动、坦诚，用合适的方式把你的真诚传达给别人，求同存异，拉近和对方的心理距离，实现和解。

生活中，人与人之间难免会因为这样或那样的问题而产生误会，发生矛盾。有了矛盾和隔阂，要尽快地解决，才能让彼此的关系更加融洽。但是，很多人往往抹不开面子，觉得自己主动和好，无疑是向对方认输。这时候，“破冰”就需要一些技巧，把话说得巧妙一些，既能维护自己的尊严，又能消除彼此之间的误会和矛盾。那么，究竟采用什么巧言能做到这一点呢？

1. 态度上一定要坦诚一些

通常情况下，两人之间产生了矛盾和隔阂，都会把对方当作敌人，敌视对方，见到对方就会有很强的戒备性和斗争性。这时候，如果你在态度上坦诚一些，弱化对方内心的戒备和斗争，就能为双方赢得机会“破冰”。

比如，说话的口气缓和一些，用眼睛注视对方，尽量和对方不要靠得太近，双手放在前面，而且要展开双臂。用缓和的口气营造和谐的交谈气氛，用眼神传达你的真诚，保持距离是为了给对方一个安全感，双手放在前面告诉对方你没有攻击性，张开双臂表达你愿意接纳他。

2．不要在对错上过分纠结

俗话说：“一个巴掌拍不响。”任何事情都没有绝对的对和错，既然双方之间产生了矛盾，有了误会和隔阂，那么说明两个人都是有问题的。如果这时候你再和对方纠结对错，那么无异于再次激起了对方的斗争性，根本无法实现“破冰”，达到两人和解的目的。因此，要想实现“破冰”，在交谈的时候，就不要过分地纠结对错。适当地站在对方的角度上去理解他。对方觉得你接受了他，自然也会作出让步，接受你。

3．多寻找彼此的共同之处

往往很多时候，我们都喜欢和自己有共同之处的人接触和交往。同样，当双方产生了矛盾和隔阂，要尽量多寻找彼此之间的共同之处，来弱化对方的戒备心理，拉近彼此之间的心理距离。

比如，你们或许岁数相差不大，遇到的生活困惑和机遇相同；或者来自同一个地方，在同一所中学上过学，或者有一个共同的朋友等。如果是好朋友之间发生了矛盾，那么不妨多聊聊曾经的美好往事。

俗话说：“宁可多交一个朋友，也不要树立一个敌人。”世界说大很大，说小很小。说不定你在某一个时间，某一个地点，就会需要对方的帮助。即使不需要，也要避免别人给你使绊子。有了矛盾和隔阂，要及时地化解，这样才能多一个朋友，少一个敌人。事实上，拥有良好的人际关系，也是一个人能力的体现。对于年轻人来说，都好面子，不愿意妥协认输。那么，就要学会巧妙的“破冰”，让自己多一个朋友，少一个敌人。

打圆场的表达技巧你懂多少

“怎样助人打圆场”是说要通过照顾双方的情感和面子，引导他去理解彼此，为其铺好后退的台阶，从而实现化解矛盾，打好圆场的目的。

在工作和生活中，由于很多原因，彼此之间产生了矛盾。这时候如果有人及时地打个圆场解个围，不愉快或许就会消除，否则，双方爱面子，谁也不肯轻易服输，这种僵持有可能造成彼此之间更深的误会，或者结下“梁子”。但是，帮助别人打圆场，也需要一定的技巧和方法，否则，不但不能帮助别人打好圆场，而且有可能越帮越糟。那么，究竟如何帮助别人打好圆场呢？

1．找一个站得住脚的理由

谁都不想陷入窘境。但是很多时候，人没有办法预知未来。生活中的人们，随时随地都有陷入窘境的可能。在关键时候，要站出来为别人找一个站得住脚的理由，为别人打圆场，避免让别人颜面尽失。比如，你介绍女性朋友去相亲，可是朋友刚见面突然觉得肚子饿，直接提出要去吃饭的要求，而使场面陷入尴尬。这时候你不妨解释说：“她早上上班的时间早，中午吃饭的时间早，今天来得及，没顾得上。”男方听了你的解释自然不会多计较。

2. 不妨多一些善意的谎言

很多时候，人们由于所站的角度不同，所以对问题的认识也就不同。由此而产生的矛盾和分歧让双方针锋相对，水火不容。看起来似乎根本没有缓和的余地。但是如果你从中协调得好，事情并没有看上去那么难处理。

比如，婆婆和媳妇发生了争吵，作为丈夫的你在婆婆面前撒谎说媳妇为她老人家牺牲了很多，在媳妇面前说，婆婆为媳妇付出了很多。这样，双方的矛盾便会得到及时的化解。尽管说的是谎言，但是却很好地化解了矛盾，圆了场子。

3. 维护别人的面子和自尊

既然双方之间产生了隔阂和矛盾，那么说明彼此之间有无法妥协的东西，这时候，你不妨巧妙地维护彼此的面子和尊严，让他们及时地退场。

比如，张三的孩子和李四的孩子打架了，张三出来数落李四的孩子，李四不依不饶。这时候，如果你说："张三只不过是询问李四的孩子事情的经过，李四是站在大人的立场上来分析问题。"这样，张三和李四都有了退路，自然也就息事宁人了。

当事的双方的面子和尊严都维护了，场子自然就圆了。如果这时候，你去当评判者，无疑撕破了彼此的脸，弄不好，还会加剧矛盾。

很多时候，人与人之间产生了隔阂和矛盾，为了尊严和面子，谁也不肯主动作出让步。如果耗下去，势必给双方的交往带来严重的障碍，这时候就需要第三者出面来打圆场，让当事的双方都能维护自尊和面子。当然，作为打圆场的你，在说话的时候一定要多加注意，把话说得圆滑些，切不可胡乱评判，激化矛盾。

被人批评，怎样从容应对

“面对别人批评的小技巧”是说要拿捏好对方的心理，说服自己，用坦诚、谦虚以及感恩的心包容批评，变被动为主动，为自己赢得更多的表扬和赞誉。

在生活中，我们难免会做错事情，受到领导和长辈的批评。很多年轻人血气方刚，受到批评后，往往不服气，去辩解和争执。事实上，这并不是明智做法。你的辩解和争执，只能激化别人内心的怒气，无形之中，将批评加剧了。最终，吃亏的还是你自己。这时候，如果你能掌握一些小技巧，就能将大问题化小问题，小问题化没问题。那么，在面对别人的批评的时候，究竟要掌握哪些小技巧呢？

1．尽早承认问题表明诚恳

既然别人对你提出了批评，那么说明在你身上确实出现了问题和失误。如果这个时候，你去解释，去辩解，则会让别人觉得你并没有认识到自己的错误，继而加大对你的批评。既然你知道无法避免，那么就要尽早承认问题表明你的诚恳，以化解对方的不满。

比如，主管要你按照他的意思做策划，而你觉得自己的想法更好，这样做出来的东西自然不被主管接受，遭到批评也是避免不了的。这时候，决定权在主管手里，如果你去争辩，无疑让主管觉得你对问题认识不清，需要对你进行更加严厉的批评。

2. 请教解决方法表达谦虚

既然你遭到了别人的批评，那么对于批评你的人来说，他心里自然有一个标准，有一个方法。这时候，与其辩解，让对方理解你，不如主动地向对方请教，谦虚也表达出来。因为你的谦虚，别人便不好意思再批评你。

比如，你因为做错数学题而遭到了老师的批评，如果你谦虚地请教，那么老师便不好意思再批评你。因为他也明白，批评的目的是改正，既然你认识到了自己的错误，就没有再批评的必要了。

3. 及时对帮助者表达感谢

当别人帮助你解决了问题，一定要及时地把你的感激之情表达出来，让对方觉得帮助你是值得的。这样，在你再次犯错误的时候，对方就不会批评你，而是主动地帮助你解决问题。否则，对方会受到良心的谴责，因为你曾经表达过感谢。

比如，如果你是个刚刚入行的销售员，在处理客户的问题的时候，出现了失误，遭到了经理的批评，当经理帮助你解决完问题，你一定要把感激之情表达出来，当你再次出现失误的时候，经理会主动地指导你，而不是来批评你。

“人非圣贤，孰能无过，过而能改，善莫大焉。”我们都是平凡的人，在工作和生活中出现失误，做错事情是在所难免的。尤其对于一些刚刚步入社会的年轻人来说，更容易犯错误，所以，被人批评也是常有的事。但是在受到别人的批评之后，千万不要“死有理”，“不如人还不学人”。要学会一些技巧和方法来变被动为主动，这样才能为自己赢得更多的表扬和赞誉。

表达还要找对事

“说话还要挑准了事”是说在你表达之前，先问清楚自己，你要表达什么，然后再选择适当的语言把你的所思所想传达出来，从而达到让人明白，被人理解的目的。

我们平日里说话并没有在说话方式上做过多的考虑，结果给沟通带来了障碍，造成了彼此之间的误会。往往同一句话用不同的方式表达出来，所表达的意义却是大相径庭。在说话之前，一定要弄清楚自己要表达什么，挑准了事再表达。如果你在表达之前挑不准事，弄不清楚究竟要说什么，眉毛胡子一把抓，势必会误导别人。那么，如何才能做到挑准事再做表达呢？

1．注意表达的语言逻辑关系

生活中，我们在表达的时候，往往不注重语言的逻辑关系。结果出现了你说的是东，别人以为是西的现象。给彼此之间的沟通和交流带来了严重的障碍。

比如，一个教徒问牧师：“我在祷告的时候能抽烟吗？”牧师生气地拒绝了。而另一个教徒则说：“我在抽烟的时候能祷告吗？”牧师高兴地应允了。同样的一句话，前者被拒绝了，后者则被允许了。之所以这样，是因为前者表达让牧师觉得，他所提的事情是想抽烟，而后者的表达让牧师觉得他所提及的是想祷告。

因此，在表达的时候，一定要想挑准事，弄清楚自己要表达什么。多注意语言的逻辑关系。

2. 尽量让语言表达简明扼要

在处理问题的时候，我们常说：事有轻重缓急，要选择最重要的事情先来处理。同样，说话的时候，也要挑准了事，弄清楚你要表达什么，让你的表达简明扼要，通俗易懂。

比如，你要表达这次事故造成了很大的损失。那么，事故发生的原因、造成的结果以及造成的人员和财产的损失都要说。那么，你要确定重点在损失上，没必要的或者不能说明损失的话完全可以不说。如果你不停地说事故的原因，则答非所问，极易引起别人的反感。

3. 注意语调和音色轻重缓急

同一句话，如果说话的语调和重音落脚点不一样，所要强调的重点也会有差异。比如，我们五个人一起去爬了泰山。如果你的重音落在“我们”，那么你所强调的是谁？如果落在“五个人”上，则强调的是人数，如果落在“泰山”上，则强调是事。尽管是在说同一句话，由于说话的重音落脚点不一样，所传达的意义则完全不同。因此，在表达的时候，一定要挑准了事，弄清楚你想要表达什么，然后把重音放在你所要表达的事情上。

很多时候，人与人之间产生误会，就是因为没有挑准了事，结果让你的表达表错了意思。你觉得你表达得很清晰，可是别人却理解得很糊涂。这让双方都觉得没有办法进行正常的沟通和交流。尤其是一些刚刚步入社会的年轻人，总觉得别人不懂自己。而事实上，不是别人不懂你，而是你的表达有问题。要想被别人喜欢和接纳，就要多注意自己的表达方式，挑准了事，弄清楚你想要表达什么。否则，你只能生活在自己的世界里，独自哀伤没人懂了。

暗示是无声胜有声的智慧

“一个暗示胜过一段话”是说要求通过表情、动作以及语言等方式，把你内心的真实意愿传达到对方的心里，避免在不适合的场合表达得过于直接，伤害别人的情感。

很多时候，有些场合不适合把话说出来，但是又不得不和别人沟通和交流，这就有些为难了，有的年轻人莽撞地直言不讳，而有的年轻人则三缄其口，事实上，这都不是好办法。这时候，不妨用表情、动作给对方一个暗示。在这种情况下，你的暗示要远远胜过你的一段话。那么，究竟如何用表情和动作来给别人传达暗示呢？

1. 学会用眼神传达暗示

眼睛是心灵的窗户，眼神也更容易传达心愿。因此，当在一些不适合的场合用话语来传达意愿的时候，不妨通过眉毛、眼神的变化把你的想法和态度传递给别人。

比如你想让身边的人离开，直接说又怕第三者有意见，不妨看一眼对方，捕捉到对方的眼神，然后抬头扬眉，这样别人就会明白你想让他离开。如果对方说话不中听，你不妨看着天或者地，对方自然能感觉到你的不满，会尽快地闭上嘴。这时候你的一个眼神传达的暗示，要远远比你的言语更有效果。当然，这还需要你抓住对方的眼神，如果对方不看你，就失去了作用。

2. 充分应用肢体语言

人与人之间的交流除了语言之外，很大程度上还依靠肢体语言。头部和手部以及你的站姿和坐姿等肢体语言都能很好地传达暗示。如果语言表达不合适，不妨用这些肢体语言来传达你的暗示。

比如用点头表达你的同意，用摇头表达你的否定。如果你想要对方离开，不妨用手向外摆动，相反，如果你想要对方走过来，可以用手向里摆动。如果想要表达欢迎和赞扬，不妨鼓掌，或者是竖起大拇指等。这时候，你的这些肢体语言所传达的暗示要远远胜过你的自身语言。

3. 学习用语言传达暗示

除了用表情和动作传达暗示之外，还可以用语言来传达你的暗示。俗话“锣鼓听音，说话听声”说的就是这个道理。比如你想要批评别人，不妨将你的批评转移到一个并不存在的人身上，这样，对方感觉到你的所指，自然就明白了你的用意。或者用双关语、谐音等语言来传达你的暗示。当然这需要你足够的聪明和机灵，能揣摩和拿捏别人的心理，把话说得恰到好处。用语言传达暗示远比你直接说一段话更加有用。

在一些场合，有些话说出来不合适，有些话压根儿就不能说，但是又不得不让别人明白。这时候就要学会用暗示来代替话语，既传达了自己的意愿，又维护了别人的面子和尊严。这对于初入社会的年轻人来说，能在很大程度上帮助他们营建良好的人际关系。当然还需要你学会察言观色，否则，你不懂别人的暗示，自然也就无法正确地暗示别人。

把话表达在刀刃上

“把话说到刀刃上”是说在说话之前，要想明白自己想要表达什么，理顺逻辑关系，然后有所偏重，简单明了地表达出来，以取得畅通交流的良好效果。

在与人沟通中，很多人总是滔滔不绝的高谈阔论，结果却让别人一头雾水，听不明白他究竟想要表达什么。不是因为他表达得不对，而是因为对方没有说到重点上，也就是我们这里所说的没有把话说到刀刃上。对于很多涉世不深的年轻人来说，这种现象尤为严重，把话说到点子上，往往能在最短的时间内表达自己，给别人留下清晰而深刻的印象，为自己赢得更多的机会和人脉，同时也能使你和别人的交流更加通畅无阻。那么，如何把话说到刀刃上呢？

1．说话要有中心、有重点

往往很多人在表达的时候，没有中心，没有重点，想到什么就说什么，结果表达了很多，却让听的人云里雾里，不知道你究竟在说什么。这往往会让对方失去跟你继续交流的兴趣。要想把话说到刀刃上，就要努力让自己的表达有中心，有重点。

比如，你取得了优异的成绩，想要对所有支持你的人表达感谢。那么你就要把中心定在“感谢”上，重点定在别人对你的帮助上。至于别人帮助你之前的情况以及帮助你之后的进步表现，完全可以一带而过。如果你不懂简略，顾此失彼，那么你所表达的就不是感谢了，严重偏离了中心。

2．表达切忌啰唆

通常，我们在与人交流的时候，总是希望以最简单的话传递尽可能明确的信息。这就要求我们把话说到点子上，把话说到刀刃上。如果你为了表达总是说一些不着边际的废话、套话，往往让人心生厌恶，觉得和你交流实在太痛苦，继而想要迅速地结束和你的交流。

比如别人问你，看了这部电影有什么收获，而你却说电影放映中你的心情，尽管这对于你来说或许也是收获，但是却让听的人犯迷糊。相反，如果你简单明了地说："很不错，有洗涤灵魂的感觉。"或者是"让人耳目一新"，这样别人就清晰明了了你的感受。

3．想清楚你想要表达什么

在说话之前，想清楚你究竟想要表达什么，这在很大程度上能帮助你把话说到刀刃上。因为只有你想清楚了自己想要表达什么，你才能理顺语言逻辑关系，才不至于东一榔头，西一棒槌，出现混乱。

比如说高考结束了，你要去好好地放松自己，准备去旅游。那么你就要弄清楚你的目的是旅游，原因是高考结束了，想要放松自己。如果你弄不清楚，颠倒了逻辑关系，别人就会犯糊涂，你究竟是想放松自己，还是想去旅游。

很多年轻人在表达自己的时候，总是在抱怨别人，觉得对方的理解能力有限，实在是太笨了，那么简单的话都听不懂。事实上，问题不是出在别人的身上，而是出在他们自己的身上，是他们不会表达，没有把话说到点子上，没有把话说在刀刃上。结果他们自己说得很混乱，别人听得更费劲。这就给他们的人际社交带来了一定的障碍。只有注意说话的表达方式，把话说到点子上、说到刀刃上，才能赢得别人的理解和尊重。

第七章

注重表达，难以开口的话巧妙说出来

中国人最爱含蓄的表达技巧

含蓄的语言很美。它可以曲径通幽，不动声色，不费一兵一卒，三言两语化干戈为玉帛。尤其在现代人际交往中，含蓄的言语是人际关系的“润滑剂”。善用它，将会使我们在以后的工作和生活中更加得心应手，事半功倍。

的确，话谁都会说，但不见得我们说出的话别人都爱听。心直口快固然痛快，但却很容易在无意中得罪人。特别是在我们跟别人产生分歧时，如果为了图一时口舌之快说话不经过思考，极有可能招来不必要的麻烦。站在对方的立场上，尽可能把话说得委婉一些，含蓄一些，以情打动对方，以理说服对方，给对方留足面子，把话说到对方心里去，这样一来，我们说的话对方才能够完全听得进去。由此可见，言语含蓄的美妙和重要性。然而，若缺少下面几个特点，即使我们说的话再含蓄，也不能称之为是一种美妙的言语。

1. 要让对方听得懂

说话的目的是沟通，而沟通的前提是交谈的双方都能听懂对方所说的话是什么意思，这样才能进行有效的沟通。如果，我们说的话过于婉转，别人听后没有明白是什么意思，那就不叫含蓄了，而应该叫说话说不到点子上，或者不会说话。所以，说话含蓄还应该有一个度，要用简洁明了的语言，让对方能听明白我们的意思，而不要给别人一种高深莫测的感觉。

2. 要先看人再说话

老话说得好："见人说人话，见鬼说鬼话。"其实就是告诉我们要先看人再说话，遇到什么人就说什么样的话，不要同样的话对谁都说。比如，有人对我们的收入状况很感兴趣，再三地追问，对于有些人我们可以说个大致的范围，让对方去猜；而对于有些人直接回一句"还行吧"就可以了，没必要每个人都据实相告。根据对方的年龄、性格特点等，决定自己要说的话，像春风细雨一样把话说到对方心坎里。

3. 说话要不留痕迹

我们说的话除了能让对方听懂我们所说的意思外，还必须非常严密，不能让对方听出任何破绽，以免对方对我们的为人和行为产生怀疑。要轻描淡写，不着一字，却尽得风流。要让对方听了我们的话感觉句句在理，完全考虑到了他们的想法，照顾到了他们的难处，他们没有看错人，而我们之所以没有履行之前的承诺，是因为我们确确实实有自己的苦衷。不说一个难字，却让对方感觉到我们的确很难，这才是言语含蓄的最高境界。

日常生活中我们跟别人交流的时候，如果在说话委婉的同时，既能让对方明白我们所说的意思，不妨碍彼此之间正常的沟通，又能对我们的话语产生共鸣，愿意接受我们的劝告，那就再好不过了。总之，一定要充分运用语言的含蓄美，用它来滋润我们不完美的日常交往，化解我们和对方之间的敌意，帮助我们重新建立一个良性沟通渠道，疏通各种错综复杂的人际关系。

言在此而意在彼

要会听弦外之音。通过仔细观察对方的语气、语调、表情、动作等，再结合当时双方所处的客观环境，还有对方的身份地位和所说的话，准确揣摩对方的心理，真正听懂对方所说的意思。

在实际生活中，我们不但要会用委婉含蓄的话应付各种突发状况，同样，当别人拿各种冠冕堂皇的理由拒绝我们的要求时，我们也要会听才行。通过听辨别别人是不是真像他自己说的那样有心无力，还是根本就在敷衍我们。只有弄清楚对方的真实心理，我们才能对症下药，想好接下来该怎么说，怎么做，对方才会改变心意，我们的目的才能真正地达到。总之，在高效的沟通中，听和说缺一不可。只要我们在会说的基础上，牢牢掌握含蓄说话的几种技巧，将不再那么难以琢磨别人的心理。

1．对方突然开始说起了客套话

刚才还说得好好的，但突然之间，对方开始对我们变得客气起来。这个时候，我们一定要注意，因为对方对我们的态度已经悄然发生了变化。可能是我们的言谈举止让对方觉得与众不同，也有可能是其他人在对方面前说了什么，从而让对方对我们的态度有了改变。总而言之，不管这种变化是好是坏，对方突然开始说客套话，这就相当于给了我们一个信号：接下来对方对我们说的话很可能就言不由衷了，我们务必要做好心理准备。

2. 对方在有意或无意地转移话题

我们和对方正在讨论事情，讨论还没结束，我们却发现对方好像有意或无意地把话题转移到别的事情上。并且，当我们问对方问题的时候，他们从不做正面回答，总是用别人做挡箭牌。

遇到这种情况，我们也要提高警惕，对方有意或无意地转移话题，一方面可能觉得这个话题继续讨论下去，到最后他没办法收场；另一方面也可能是他对我们说的话并不感兴趣，想通过转移话题让我们有所察觉，从而中止谈话。从侧面回答我们的问题，则是碍于情面不好直接拒绝我们，所以拿别人来说事，为了让我们知难而退。

3. 对方总是有各种各样的理由

谈恋爱的时候，很多年轻人都可能碰到过这种情况，尤其是男孩子，每次约心仪的女孩出去，对方不是说“身体不舒服，不想出去”，就是说“有事出不去”，或者说“已经有约了”……总之，理由千奇百怪。一次两次，对方很可能真的有事，但次数多了，对方明显就是在找借口了，对方其实是在暗示我们，我们不是她的那道菜，让我们别再执迷不悟了。

同理，生活中和工作中也一样，当我们的要求每次都被对方的各种理由挡回来时，对方根本就是在拒绝我们。这个时候，我们一定要另辟蹊径，不能一条道走到黑，免得误事误己。

只要我们掌握了对方的言外之意，再通过比较分析，假以时日，定会成为对方“肚子里的蛔虫”。到时候，对方的所思所想尽在我们的掌控之中，就算他再怎么变，再怎么花言巧语，我们也一样能透过他语言华丽的外壳，而看到他的内心。只有这样，我们在和对方交往中才能做到有的放矢，稳操胜券，让对方心甘情愿地服从我们。

掌握含蓄表达的技巧

含蓄也要注意方法。含蓄的表达方式多种多样，要灵活运用，才能发挥出最大的效果。只要我们平时善加利用，使对方既明白我们的意思，又不至于对我们心怀不满，那么我们的目的就达到了。

我们说说话含蓄一些，也可以说成委婉一些，婉转一些，但这并不代表委婉、婉转完全等同于含蓄。充其量，委婉只是含蓄的一种表达方式。日常在和别人的交流中，如果我们能将几种常用的含蓄表达方式发挥得淋漓尽致，将会极大地改善我们的人际关系，使我们在人群中更受欢迎，比别人更加容易获得成功。既然含蓄的表达方式如此重要，那么，就让我们来了解一下几种常用的含蓄的表达方式，以便我们在成功路上再增加几个胜利的砝码。

1. 通过同义替换，达到含蓄的效果

比如我们说某个人很笨，一般不直接说笨字，但可以换一种说法，说他思想很单纯，想法很简单，这样对方就不会觉得我们在嘲笑他。其实两种说法意思完全一样，但毫无疑问，后一种说法相对而言对方更容易接受。

每个人内心深处都渴望听好话，这就要求我们在说话的时候要懂得迎合对方的心理，尽量把批评、讽刺等一些对方难以接受的话说得好听一些，不直接去揭对方的短。通过巧妙的同义替换，把相同的意思，换一种对方容易接受的方式说出来，这样效果会更好。

2. 采用各种修辞方式使言语戏剧化

比如利用比喻、双关、拟人、借代、夸张等修辞方式，让言语呈现出一定的戏剧化，使对方在哈哈一笑中消除对我们的敌意。我们夸女性朋友身材好，通常会说她是天生的衣服架子，这就是比喻。

历史上著名的双关语如：东边日出西边雨，道是无晴却有晴，利用谐音，一语双关，让人着实回味无穷。拟人使用的频率颇高，如天在下雨，有些人就会说那是老天在流眼泪。至于借代、夸张，只要运用得恰到好处，一样可以妙语如珠。

3. 只做大概的提示不直接说明问题

我们确实不便直接说明某件事情的时候，可以给对方指出一个大概的范围或方向，让对方根据我们的提示去思考，然后找出答案。这也是一种常用的含蓄表达方式之一。另外，还可以通过极其笼统概括的语言来表达自己的意思，同样也可以达到含蓄的效果。还有，对对方提出的问题不从正面回答，而是通过举例子、讲故事等方法让对方去体会，去领悟，从而得出正确的结论，这样也可以达到含蓄的目的。

只要我们熟练地掌握了几种常用的含蓄表达方式，再加上察言观色，以一颗宽容的心对待别人，那么，就没有解决不了的难题，也没有搞不定的人际关系。之所以我们在和人交往中常常处于被动，被别人牵着鼻子走，很大程度上就是因为我们还不会剖析对方的心理，没有真正听懂对方的话语，从而无法用美妙的语言有效地打动对方，使我们与对方之间始终存在分歧，而最终与成功失之交臂。

向朋友提意见，也要委婉表达

给朋友提意见语气一定要婉转。既要让朋友听了我们的劝告及时认识到自己的错误，又不至于因为我们说话太过直接而伤自尊，影响我们和朋友之间的感情。

在生活中，我们常常会犯这样一种错误，越是在关系亲密的人面前，说话越直接，往往伤害了身边的人而不自知。比如，朋友做错事了我们给朋友提意见，很多人经常心里怎么想嘴上就怎么说，而不管措辞、语气是否适当，朋友听了能不能接受，面子上能不能挂得住。

虽然我们给朋友指出不足完全是为了朋友着想，但如果在提意见的时候忽略了方式方法，让朋友误认为我们在指责他、批评他，反而会适得其反，好心办坏事。那么，对朋友提意见，我们怎样说才算委婉，才算是正确的呢？

1. 态度要诚恳

俗话说："态度决定一切。"很多时候，虽然我们还没有开口说话，但我们的态度已经说明了一切。可见，在人际交往中，态度是多么的重要。因此，当我们给朋友提意见的时候，一定要注意：态度必须诚恳。既不过于严厉，又不过于随便，既不能让朋友认为我们是在小题大做、没事找事，又不让朋友觉得我们只是随口那么一说而当不得真。一定要让朋友真正地感觉到我们是在为他好，而不是在挑他毛病，折杀他的面子。

2．语气要委婉

要像春风化雨一样地开导朋友。让朋友听了我们的意见和建议之后明白我们的良苦用心，从而欣然接受。而不是不分时间场合，直截了当地指出朋友的缺点和错误，令朋友在众人面前难堪。要知道，就算是同样一句话，也会因为我们说话的语气语调不一样，而产生截然不同的效果。所以，我们在给好朋友指出错误的时候，语气务必要委婉，不能让对方听了心里不舒服不痛快，进而影响我们劝说的效果。

3．措辞要适当

说之前我们不但要想好怎么说，还要想好说什么。因为，很可能我们没考虑清楚，说错了一句话或是一个字，前面所做的所有努力都白费了。而且，正因为是朋友，以后还要经常来往，所以，我们更要注意：说话的时候斟酌好用词用语。言为心声，适当的措辞不仅能很好地传递我们的真实意图，而且让朋友听后更加容易接受，同时还避免伤了双方的和气。这一点非常重要，我们一定要记住。

当然，有些人也许会反对，既然是真正的朋友，就不该讲究那么多。正因为大家是朋友，互相都了解，说话就没必要拐弯抹角，有话直说，这才显得彼此之间感情深厚。

话是没错，但我们在提意见的时候也要考虑朋友的心情，还有周围的环境等客观因素。

朋友心情好的时候，我们提意见他也许还能接受，但是如果心情非常糟，我们再苦口婆心絮絮叨叨，朋友可能还会觉得我们很烦。还有，在给朋友指出错误的时候，最好选择私下里，因为人都是爱面子的，既然是不足，当然是知道的人越少越好。

对爱人有不满，也要含蓄表达

对恋人有意见要含蓄指出。千万不能冒冒失失，直截了当地说人家这儿不对，那儿不好，就算恋人真的不对，说的时候也要注意方式、方法，不能让恋人感觉我在批评他，而要让他明白我之所以这么做，是因为爱他，才希望他变得更好。

在恋爱中，双方相处时间久了，各自的缺点自然会暴露出来。这其实很正常，但有些人却想不通，觉得对方在故意伪装，欺骗了自己的感情，仔细想想，谁不愿意把最美好的一面展现在心爱的人面前，以赢得对方的好感？

况且，是人都有不足之处，所谓“金无足赤，人无完人”，只要对方不是道德败坏、十恶不赦之人，我们何必那么较真呢？有些事情如果恋人做得不合适，我们可以委婉地指出来。

只要注意以下几点，即使我们批评了对方，对方也会欣然接受。

1. 恋人犯了原则性的错误

比如说，恋人对我们的父母恶语相加，或者在和我们交往的同时，还和别人纠缠不清，这种情况下，我们万不可置之不理。要尽快想办法跟对方进行沟通，及时把我们的想法和看法说出来，让对方明白，她（他）这样做的后果是什么，会给我们带来多大的伤害，以及会对我们之间的感情产生多大的影响等。

总之，和对方沟通的时候，既不能言辞太激烈，而让对方产生逆反心理，又不能过于轻描淡写，让对方感觉不到任何压力。尺度一定要拿捏好，才会达到预期的效果。

2. 就事论事，对事不对人

恋人某件事情做错了，我们和对方沟通的时候，就事论事。而不能因为恋人今天做错了一件事，就把他以前犯的错误也扯出来说上一通，这样做轻则会招致对方的不满，重则将会令对方产生分手的念头。

可以这样说，我们批评恋人也好，批评朋友也罢，一定要注意就事论事，对事不对人，说话语气要注意轻重。不能因为别人偶尔做错了一件事情，就把他一棍子打死，认为别人什么都不好，把别人彻底否定。如果真是这样，那就是我们的不对了。

3. 我们这样做是为了对方

只要我们是真心实意地为对方好，对方会明白的。如恋人喜欢抽烟，而我们偏偏一闻到烟味就难受，这个时候我们该怎么办？是委屈自己，任由对方自顾自地抽下去，还是直截了当地告诉对方自己闻不得烟味，婉言相劝恋人把烟戒了？遇到这种情况，如果对方真的在乎我们，为了不让我们难受，他肯定会努力戒烟的。

但我们也要用实际行动来支持对方，帮助对方一步步地戒除烟瘾，而不能动不动就对恋人作硬性要求。

恋爱关系是很脆弱的，要使双方关系长久地保持下去，并最终开花结果，一定要做一个会爱的有心人。

要宽容对方偶尔的过错，允许对方存在这样或那样的不足，不要把对方的缺点整天挂在嘴边。对恋人产生不满情绪的时候，要合理发泄，婉转表达，不能让对方感觉我们在无理取闹，没事找事，尺度要拿捏到位，才会达到好的沟通效果。

婉转拒绝追求者，能保留他人的面子

对不爱的人要婉转拒绝。虽然说长痛不如短痛，快刀斩乱麻对双方都有好处，但我们在拒绝的时候，语言一定要婉转一些，要充分考虑到对方的感受，避免生出不必要的事端。

在感情生活中，我们经常会遇到这样的情况：爱我的人我不爱，我爱的人不爱我。也正因为如此，世间才存在那么多被拒绝的求爱者。有些人被对方拒绝后，化悲痛为力量，奋发图强，有一天成了成功人士；而有些人却执迷不悟，从此一蹶不振或者走向极端。可见，同样是拒绝求爱者，我们也要因人而异，针对对方的性格个性和心理承受能力对症下药，婉转地表明我们的意思，不伤害对方的自尊，使对方的痛苦得以最大限度地减轻。那么，如何婉转地拒绝求爱者呢？

1. 故意找借口不和对方见面

如果我们真的不喜欢对方，不想跟对方有进一步的发展，那么，当对方约见我们的时候，不妨找个合适的理由拒绝赴约，如最近工作很忙，家里有事，和朋友在一起等。如果次数多了，对方肯定会明白我们的意思而知难而退，不再对我们抱有任何幻想，这样一来，我们既不用自己出面，又间接地达到了我们的目的，何乐而不为？在拒绝追求自己的人时，有时候不一定非得当面说出来，采用一些间接的办法效果往往更好。

2．只答应和朋友做普通朋友

所谓普通朋友，即常说的“点头之交”，就是限于见面认识，然后互相打招呼问好，没有也不想有更多的了解和接触的人。如果我们真的只想和对方做普通朋友，最好把我们和对方的关系控制在“点头之交”的范围内，不给对方进一步接触和了解我们的机会，把对方对我们的好感消灭在萌芽状态，让对方感觉不管他怎么努力也无法走进我们的内心，从而主动放弃追求。

3．对于对方的求爱视而不见

不管对方怎么献殷勤，采取什么办法，我们只要做到视而不见，不闻不问就足以让对方对我们死心，而不再对我们百般纠缠。

例如，对方给我们打电话的时候，我们可以工作很忙、有事为借口迅速挂断，不和对方多说话；对方发的短信，或者不回，或者回的时候非常客气，语气不冷不热，有意跟对方保持距离，让对方明显地感觉到我们在拒绝。还有，对方送自己礼物的时候，委婉地拒绝接受，或者无奈接受时执意给对方钱。凡此种种，都会向对方表明我们的态度，如果对方不是一个自作多情的人，我们这样做了之后，对方就会明白我们的拒绝之意，而不再一厢情愿。

也许有人会说，反正大家以后做不做朋友都无所谓，话说重些也没关系，最好冷酷到底，让对方彻底死心。这样做本无可厚非，但既然大家相识一场，也算是一种缘分，即使以后成不了恋人，还可以做朋友，可千万不能因为一时行为言语不当，而使对方把我们当成敌人。那样不仅对双方都没有好处，而且发展下去，后果不堪设想。

可见，在我们拒绝求爱者的时候，说话做事一定要学会转个弯，要在不伤害对方的情况下达到我们的目的，不能光顾着自己痛快，而不顾及别人的想法，要充分利用自己的智慧使对方知难而退。

工作中婉转表达不同意见有技巧

工作当中有不同意见要学会婉转表达。不能让上司或者同事很明显地感觉到我们在拒绝或者有异议，要注意用含蓄的方式表达，使我们的拒绝或异议合情合理化，促使对方自觉地改变决定。

在职场中，随时随地都会产生有不同意见。如公司准备设计一批邮寄宣传单，主管要求版面尽量设计得时尚一些，而总经理则明确表示版面设计得越简单越好，作为公司的设计，我们到底该听谁的？全听主管的，总经理那边肯定不能通过，因为总经理才是最后拍板的人。全听总经理的，无形中又得罪了主管，而让我们不知不觉成了夹心饼干。这个时候，最好是把主管和总经理的意见融合在一起，同时加进我们自己的想法，使谁也挑不出毛病来。职场如战场，只要我们在表达不同意见的时候做到以下几点，便不会给自己惹来麻烦。

1. 对老板要学会巧妙地说“不”

有时候，迫于生存的压力和考虑到老板的想法，往往在我们面对超出自己能力范围的工作时，不敢轻易对老板说“不”。于是，我们日复一日地加班加点，为了赶进度，工作的质量也下降了，而且错误频出，终于老板发怒了，批评我们工作没做好，但却对我们加班的事只字不提，不是老板不知道，只是他觉得既然我们答应了，就表明我们一定能完成。导致我们本来是想借机在老板面前好好表现一番，没想到结果却害了自己，给老板留下了工作效率低下的影响。

2. 灵活拒绝同事的无理要求

这种事情在职场中经常发生，每一个职场新人几乎都碰到过。比如，本来自己是公司的文案，负责公司各种方案的撰写工作，但仅仅因为自己是新人，一会儿这个办公室拿来一份材料让自己帮忙打印，一会儿另一个部门的主管又让自己出去买办公用品，害得自己不胜其烦。拒绝吧，自己刚来就得罪人，以后的日子肯定不好过；不拒绝吧，这些事本来就不属于自己的职责范围。更麻烦的是，如果自己一旦开了这个头，以后会得罪更多的人。所以，当面对自己职责范围之外的事时，一定要学会灵活地拒绝，不盲目答应同事的要求。

3. 让顾客有更多选择的机会

顾客来店里买东西，而他要的商品店里正好没有，这个时候，我们最好不要直接对顾客说，对不起，你买的东西我们这儿没有。而要迅速拿出另外几种类似的商品，一一向顾客耐心地介绍，帮助顾客重新选择。这样一来，即使最后顾客没有买我们的东西，但至少让顾客感觉到我们的服务的热忱，说不定顾客下次再买东西的时候，就会主动想起我们。在工作当中，直接拒绝的话要少说，即使有不同意见，也要学会婉转表达，这样才有利于我们的职场发展。

在工作中，不同意见常常存在。如何整合来自各方面不同的声音，使我们自己的意见成为其中的主流，进而左右其他人的思维，这可是一个不小的难题。不仅需要我们具备超乎常人的智慧和勇气，还要求我们学会察言观色，准确看人，除此之外，还必须具备好的口才。只有具备了以上种种条件，当我们身困不利的境地时，才可以化险为夷，转危为安。

含蓄表达，关系才能融洽

把话说得含蓄一些，彼此之间的关系方能融洽。通过积极正面的处理方式，把对对方的怨恨和不满转化为信任和鼓励，用含蓄的方式表达出来，让双方的关系更加融洽。

有些时候，我们之所以会和别人发生冲突，很大程度上就是因为我们或是别人，说话做事太过直接，不知道迂回，驳了对方的面子，因此才引发争执。相对于直接表达，含蓄就好像是一个人突然之间放低了姿态，放下了架子，让对方觉得双方不再处于敌对状态，而关系基本趋于平等，只有在平等的基础上跟别人对话，别人才会接受。所以，在日常生活中，说话做事含蓄一些至关重要。那么，我们该如何含蓄表达，才能让彼此之间的关系更融洽呢？

1．笑而不答地拒绝

当我们实在不知该如何拒绝对方的时候，可以不说话，但要微笑地看着对方。不能让对方觉得我们没有礼貌，态度生硬。只要我们笑而不答，对方就会明白我们的意思。不仅如此，对方还可能因为我们没有直接拒绝他，而对我们心存感激。总之，只要我们怀着一颗善良的心，随时随地为他人着想。与人交往的时候，低调一些，谦让一些，跟别人交谈的时候，话锋圆一些，平一些，就没有应付不了的人际关系。

2. 用鼓励替代批评

别人做错了事，我们的第一反应就是，好好地批评他一顿，然而，在实际生活和工作中，我们却不能那么做。因为做错了事情，别人心里本来就已经很难受了，即使我们不说他，不骂他，他就已经很自责。这个时候，他更多的希望得到别人的谅解，而不是责骂。如果我们不分青红皂白劈头盖脸地把他训一顿，他很可能会因此而恼羞成怒，产生叛逆心理。而如果我们既往不咎，把对他的批评变成鼓励，结果定会出乎我们的意料。

3. 正话可反过来说

如我们说某个人懒，可以说她喜静不喜动。再比如说某个人胖，也可以换个说法，说她不是很苗条。其实都是一个意思，就看哪一种更合对方的胃口。总之一句话，就是把不好听，不中听的话，尽量说得好听一些，婉转一些，让对方听了容易接受一些。况且，既然意思一样，我们为什么不挑对方爱听的来说呢？这样，对方听了心里高兴，我们的目的也就达到了。

很多年轻人由于阅历太浅，对含蓄表达在人际关系中的作用还不是太了解，对上面讲的各种方法，运用得也不是很熟练，但如果我们想很快建立良好的人际关系网，就一定要学会含蓄表达。在日常工作生活中，强化自己这方面的训练，有意识地培养自己含蓄表达的能力，为营造优良的人际氛围而努力。同时，也要注意，不要一味地含蓄，使含蓄成为我们的负累，要学会灵活运用。

学会运用模糊语言回答刁钻问题的技巧

生活中也会存在一些特定的场合，常有令回答者在应答上左右为难的情况，尤其是某些选择性的问题，因为各选择项所代表意义的特殊性，不管我们倾向于哪一边，都会给自己带来麻烦。可是，遇到这种“两难”的情况时，该如何应对呢？我们不妨跳出“非此即彼”的框框，分别肯定双方的优点，在一个动态性较大的前提下，将答案说得机动灵活，为自己打开一个崭新的出路。

赵国强在美国留学的时候，曾经有一次参加各国学生组织的国际舞会，与他共舞的美国小姐突然问他：“请问您喜欢中国小姐，还是美国小姐呢？”坦白地说这个问题不好回答。若说喜欢中国小姐，会立刻得罪美国小姐；若说喜欢美国小姐，实乃违心之论。赵国强不慌不忙地答道：“不论是中国小姐，还是美国小姐，只要喜欢我的，我都喜欢她。”

实际上，“中国小姐”和“美国小姐”在一定程度上代表着中国人民和美国人民，身为中国留学生的赵国强如果草率地予以回答的话，很有可能会得罪对方。因此，他没有按照固有的模式从这二者中选择一个，而是跳出提问的框框，一概而论，从而轻松地解决了这个难题。

模糊语言往往体现了说话者灵活的头脑和超人的智慧。模糊信息是有收缩性大、变通性强、语义不明确的特点。用模糊语言回答一些不能直接回答又必须回答的问题，能够化解矛盾，摆脱被动的局面。

阿根廷著名的足球运动员迪戈·马拉多纳在与英格兰球队比赛时，进了一个颇有争议的“问题球”，据说墨西哥一位记者曾拍下了“用手拍入”的镜头。

当记者问马拉多纳，那个球是手球还是头球时，马拉多纳机敏地回答说：“手球一半是迪戈的，头球有一半是马拉多纳的。”马拉多纳的回答颇具心计，倘若他直言不讳地承认“确系如此”，那么，对裁判的有效判决无疑是“恩将仇报”。但如果不承认，又有失“世界最佳球员”的风度。而这妙不可言的“一半”与“一半”，等于既承认了球是手臂撞入的，颇有“明人不做暗事”的大将气概，又在规则上肯定了裁判的权威，亦具有君子风度。

当遇到实在棘手，不便回答的问题时，我们可以向国家的外交官们学习，通常他们在碰到难以回答的问题时，会及时抛出一句外交辞令——无可奉告。我们也可以这样说。这样一来，对方就无法明白我们真正的态度，从而不能轻易下结论。也因为这句话，我们给对方留了一个悬念，让对方觉得我们很神秘，捉摸不定。这样就更加有利于我们说话办事。除了“无可奉告”，我们还可以说“这个嘛……不好说”“等等再看吧”等一些官方语言，不给对方明确答复。

年轻朋友在刚进入社会时，由于不知人心的复杂，往往不懂得保护自己，以至于在上了无数次的当，受了无数次的骗之后，才吸取了教训，知道真话是不能随便讲的，自己的内心是不能随便掏给别人看的。别人正是因为抓住我们单纯好骗的特点，才故意跟我们套近乎拉关系。所以，千万不要因为别人对我们的好，很快就忘了别人对我们来说只是个陌生人，而对对方掏心掏肺，最后被人家骗了都不知道。

第八章

注重表达，轻松从尴尬中走出来

“花言巧语”表达可以让尴尬烟消云散

“‘花言巧语’消灭尴尬”是说在陷入尴尬后，要通过语言上的粉饰，缓解自己和别人心里的不好意思，进而使氛围更加的融洽，使进一步的交流和交往正常进行下去。

谁也不想陷入窘境。但是很多时候，人没有办法预知未来。生活中的人们，随时随地都有陷入窘境的可能。陷入尴尬之后，如果你能迅速地灵机应变，说一些“花言巧语”，为自己的尴尬找个说辞，无疑是给自己找个台阶下。当然，这样的“花言巧语”要说得恰到好处，让别人听着舒服，让自己的言谈举止合情合理。那么，究竟如何说得“花言巧语”呢？

1. 不妨巧妙地调侃自己

当一不小心说了不合时宜的话，或者是行为举止不适当，让自己陷入窘境，一定要及时地调侃自己，化解尴尬的气氛，博得别人哈哈一笑。这样，你就巧妙地化解了尴尬。

比如，在一个非常正式的场合，你一不小心跌了一跤，分外尴尬。这时候如果你啥也不说，别人便会看你的笑话。如果你站起来拍拍屁股说：“幸亏我膘肥体壮，要不然这一下非要把地球戳个窟窿了不可。”这样别人被你的调侃和幽默逗得哈哈大笑，你的尴尬自然也就轻松化解了。

2. 为自己找个适当理由

当自己身陷烦恼之后，一定要及时地为自己找个适当的理由，缓解尴尬情绪。当然你只要说出你的理由即可，不要去做过多的解释，因为这时候解释就是掩饰。

比如，当你参加了公司的会议，别人正在严肃地讨论问题，你却睡起了觉，打起了呼噜。当别人把你摇醒之后，望着别人差异的目光，分外尴尬，你不妨说："不好意思，昨晚睡得太晚了。"别人自然不会追究你晚睡的原因。

3. 要巧妙地转移注意力

当你的言语和行为出现不合时宜的时候，别人的注意力会迅速地集中到你的身上。这时候你要想办法迅速地转移别人的注意力。当别人的注意力从你身上移开的时候，你的尴尬自然也就解除了。比如，你到朋友家去借宿，结果脱了鞋发现袜子破了一个很大的洞，别人看到你戳出来的脚指头，会让你分外尴尬。你不妨说："对了，明天咱们去哪里玩啊？"把别人的注意力从你的破了洞的袜子上转移开来。

很多时候，年轻人在说"花言巧语"的时候，往往把握不好别人的心理，总是把话说得很勉强，自己不但摆脱不了尴尬，而且还会让自己更加的不好意思。从而迅速地逃离现场，或者结束和别人的谈话。事实上，这都是不可取的。因为在你出现尴尬的时候，别人也会不好意思，你逃离尴尬的行为只能让别人觉得你处理突发能力有限，因而对你产生不好的印象，甚至会不好意思再和你接触。把尴尬处理在自己的手里，为自己和别人赢得足够的心理空间。

不要把不高兴表达出来

“不高兴可以换种方式表达”是说在表达内心不满的时候，不要随便发脾气，避免尴尬的出现，而要用适当的方式、方法把你的不高兴巧妙地传达给别人，为自己和他人留有余地。

很多年轻人在社交中，不满意别人的言谈和举止，往往选择向身边的人发火，以发泄自己内心的不满情绪，因而得罪别人，让自己陷入尴尬的境地。事实上，你大可不必如此，别人所说的每一句话，所做的每一件事不可能都让你内心愉悦。当你不满意的时候，完全可以换种方式来表达，把你的不满和意见传达给对方，既让别人感受到了你的不高兴，又不至于让气氛出现尴尬。当然这并不是一件容易的事情。那么，如何做到这一点呢?

1．用适当的沉默表达你的不满

通常情况下，当别人和你交谈的时候，突然发现你时而沉默不语，这会让别人感觉你对他所说的话不满意。因此，在表达你对他有想法，不满意的时候，不妨用适当的沉默来传达你的心声。比如，当你的未婚夫在安排婚礼的时候，让你不满意了。你不妨保持沉默，让他感受到你内心的不满，对方自然会重新征求你的意见。这时候，如果你和对方争吵，势必会伤害彼此之间的情感，让彼此都陷入尴尬。

2. 用冷淡的话表达你不感兴趣

我们发现，很多时候，当你和别人交谈的时候，对方说话很冷淡，或者是表达意见的时候总是敷衍你，这时候则表明别人对你的话不感兴趣，对你有不满的情绪。同样，我们在表达对别人不满的时候，不妨冷淡地说话。让对方感受到你内心的不满情绪。比如，你和朋友出去逛街，朋友想买衣服送给你，你用“嗯”“哦”来敷衍，让朋友感觉你并不是很感兴趣，这样对方自然明白你不高兴了。

3. 找个借口离开表达你不高兴

在表达内心不高兴的时候，你还可以找个借口离开现场，把你的不满情绪表达出来。比如，你和男朋友约会，可是正在两人卿卿我我的时候，男友却不停地接电话。这时候，你不妨说：“家里有事，需要我赶紧回去。”这样，男友就会明白因为自己老接电话，让你不高兴了。这远比你和对方争吵要聪明得多。

很多年轻人血气方刚，自己不高兴，便会大发雷霆，让自己和别人都陷入尴尬的境地，结果伤害了彼此的感情不说，还不好收场，为进一步的接触和交往蒙上了阴影。事实上，你完全没有必要表达你内心的不高兴。你的目的是让别人更加尊重你，在乎你，是为了增进双方的情感。而不是和别人发生争吵，伤害彼此之间的感情。所以，一定要学会一些表达不高兴的方式方法，避免因为自己的坏脾气而使自己和别人陷入尴尬。

别经常说一些损人的话

“损人之语必然不会利己”是说在表达不满和愤怒的时候，要注意自己的措辞，要给别人留面子，不要把话说绝，不要伤害别人的自尊和人格，避免把别人惹怒，从而给自己带来不必要的麻烦。

很多年轻人，仗着自己年轻气盛，在和别人发生矛盾的时候，往往伶牙俐齿，言语刻薄，总觉得这样才能把别人打得落花流水，才觉得痛快，觉得解气。事实上，当你言语刻薄时，对方势必会嫉恨在心，伺机报复。俗话说：不怕贼偷，就怕贼惦记。当别人处心积虑地想要对付你的时候，你的噩梦就开始了。你得时时小心，处处提防，稍不留神就会被别人抓住把柄，踏在脚下，让你尝一尝受人凌辱的滋味。所以，损人之语必然不会利己。说话的时候要注意措辞，照顾别人的情绪，照顾别人的面子，不要轻易将别人逼入绝境。那么，究竟如何才能做到这一点呢？

1. 点到为止即可

俗话说：“人有失手，马有失蹄。”谁都不能保证自己所做的每一件事，所说的每一句话都合适。当别人一不小心做错了事情，说错了话而伤害了你的感情，如果你默不作声，觉得很窝囊，但是也不要把话说绝。这时候你不妨表达你的不满和意见，但是一定要点到为止，让别人意识到自己说错了话，伤害了你。

比如，朋友向你借钱，很久了都不归还，你要表达你的不满，不妨把你的不满，通过一个并不存在的第三者表达出来，让朋友意识到该还钱了。如果这时候，你直接对你的朋友表达不满，则会伤害朋友之间的情感。

2. 为别人找个借口

人都有自私的心理，有时候会犯糊涂。当你发现了之后，一定要给别人留有借口，让对方在你的借口下巧妙地下台，避免撕破脸，使别人颜面无存。

比如，你是一家高级酒店的服务员，看见客人在用餐之后悄悄地把酒店里的名贵筷子揣进了兜里，这时候，你不妨说："您如果喜欢我们酒店的餐具，我们会给您一套崭新的留作纪念，不过要收取一定的费用。"这样，不仅淡化了顾客"偷"的行为，还充分照顾了顾客的面子和尊严。

3. 不轻易宣泄愤怒

每个人都有脾气，当别人不小心伤害了你的情感，很多人会将自己内心的不满和愤怒发泄到别人身上，人在愤怒的时候，往往管不住自己的嘴，难免把话说绝，伤害别人的心，从而给自己埋下隐患。

比如，你去买豆腐，卖豆腐的大娘少找了你钱，当你回去说明的时候，大娘说："你可真够抠门的，连一块钱也来要。"这时候别人这么说或许只是为了给自己找个台阶下，可是却伤害了你的情感。如果你和对方争吵，势必会给周围的人留下印象。说不定小贩还会传闲话，中伤你。

很多人在受到别人的伤害之后，往往非常愤怒，非要出这口恶气不可，否则会感觉受到了欺负。事实上，如果你足够的强大，还需要用这种方式来向别人证明吗？相反，你对别人恶语相加，别人也会奋起反抗，将更恶毒的话加到你的身上，这样，最终受伤害的还是你自己。当然，并不是要你做个软柿子，任人来捏，而是要你在表达不满情绪的时候，注意措辞，口里积点德，不要损人又不利己。

选对表达方式，也能助你消除尴尬

“说话方式也能助你消除尴尬”是说在你陷入了尴尬之后，要多注意说话的方式方法，把话说得恰到好处，从而让你巧妙地摆脱尴尬的境地。在人际交往之中，游刃有余，尽可能占据主动。

由于一不小心说错了话，做错了事情，让自己陷入了尴尬的境地，这时候，如果你能巧妙地注意说话的方式，就能迅速地消除尴尬。千万不好慌不择路，手忙脚乱，让自己在别人面前表现得一团糟。但是，很多人似乎并不注意这些，一旦陷入尴尬的境地，便觉得无力挽回，索性破罐子破摔，用最愚笨的方法来打破局面，然后再想办法处理。可是到那个时候，问题已经没有那么轻易处理了。那么，究竟如何借助说话方式来消除尴尬呢？

1. 用道歉来表达你的不好意思

俗话说：“金无足赤，人无完人。”当你因为自己的一个失误而陷入尴尬的时候，一定要及时进行道歉，别人也会因为你的不小心而原谅你。如果这时候，你故意去掩饰，别人会觉得你不够坦诚，在你的尴尬之处便会纠结。

比如，你的同事刚好和婆婆闹矛盾，你在看电视的时候看到婆媳关系紧张，说了批评媳妇的话，让同事难堪，发怒了。这时候你要及时地表达你的歉意，让同事知道你并不是故意的。

2. 表现得轻松些缓解别人情绪

你因为说了不该说的话，做了不该做的事情，而变得难堪。这时候，如果你紧张，不知所措，则会影响别人。如果你能哈哈一笑，装作无所谓，那么别人也会迅速地轻松下来，就当什么事情也没有发生。

比如，你去朋友家向长辈敬酒，结果把张叔叔叫成了李叔叔，让所有人都尴尬。这时候你不妨笑着说："喝高了，喝高了。"别人听后哈哈大笑，尴尬自然就解除了。

3. 千万不要为自己的失误做解释

在你犯了错误，让自己陷入尴尬之后，如果你急忙地去做解释，那么则会让别人觉得你是在掩饰自己。让气氛更加的难堪。这时候，你就当什么事情也没有发生过，别人也会当作什么事情也没有发生过。你的尴尬自然就会解除了。

比如，你在和一个朋友聊天，不小心放了个屁。如果你做过多的解释，别人可能会笑出声来，让你尴尬万分。你就当什么事情都没有发生，继续聊天，朋友也会假装自然。

很多年轻人在陷入尴尬之后，努力去打破尴尬，可是越努力，自己越尴尬，导致气氛更加的不和谐。事实上，这时候如果你能调整说话的方式，选择好处理尴尬的方式方法，则能使尴尬打破。当然，这并不是件简单的事情，需要年轻人在生活中多总结，多学习。时间久了，你处理问题的能力便会大大提高了。事实上，这也是一个人能力的体现。

别让表达细节伤了和气

“别让说话细节伤了和气”是说在说话之前，要考虑周全一些，多注意一些，表达要妥帖一些，照顾别人的情感不受伤害，不要因为大意和疏忽而伤害和气，而让自己陷入尴尬，轻易树敌。

很多时候，我们都会因为说话不注意细节，在无形之中伤害了别人的情感，导致最终和别人发生争吵，伤害了彼此之间的和气。或许你说话的时候并没有所指，但是别人听了就会有想法。这也就是很多人宁可三缄其口，不愿意多说话的原因。事实上，只要你在说话之前，尽量避开对方的雷区，注意说话的方式方法，完全可以避免可能发生的误会。那么，说话的时候究竟要注意哪些细节呢？

1．不要随便去评价好和不好

我们都有一个不好的习惯。总是喜欢用自己的标准去衡量别人，这样，你对别人说的话或者做的事就会作出自己的评价。如果你评价别人好，当然无所谓了。当你评价别人不好的时候，往往给自己埋下了地雷。你的话迟早会传到对方的耳朵里。对方自然就会与你为难。

2．要多拿捏你说的每个词

在表达的时候，一定要拿捏好你说的每一个词。即使同一个意思，不同的词所表达的情感也不尽相同。如果拿捏不好，势必会让别人对你产生成见。

比如，你在表达对朋友的意见时，说："你真是太差了，真是丢死人了。我觉得你更应该……"试想，你的朋友听到后会是什么样的表情。相反，如果你说："你的表现很不错，只是我觉得如果再稍微地改进一下，或许会更好。"你的朋友觉得你很真诚，就会对你产生好感。

3. 注意不要提及别人的忌讳

俗话说："矮子面前千万别说短话。"任何人都有自己的忌讳和雷区，不允许任何人提及，只要有人提及，对方就会觉得受到了侮辱和你势不两立。比如，你的朋友腿脚有问题，你在说话的时候就不要提及"瘸""拐"等字眼，甚至不要轻易提及"腿"和"脚"，这些字眼。或许你表达的时候没有针对他，但是对方会觉得你就是在讥笑他，讽刺他，因而和你翻脸。

很多人都有善变的一面。刚刚还和你称兄道弟呢，几秒钟之后就和你红白脸相对了。事实上，不是别人的性格善变，而是因为你在说话的时候没有注意细节，在无形之中伤害了别人的感情，而你自己却不觉得。为了避免这种情况的发生，你在表达之前，一定要多注意一些，照顾到别人的情绪，千万不要因为你的不小心而伤了和气，多一个敌人，少一个朋友。

尴尬有时也需用表达拒绝来回避

“尴尬有时需用拒绝来避免”是说在尴尬可能出现的时间和领域，要学会用拒绝来绕道而行，不要让自己陷入了尴尬才想办法来解决，这样会让你更加的难堪。用拒绝来避免尴尬，以达到把矛盾消除在萌芽状态的效果。

生活中，往往我们觉得拒绝别人是一件非常难为情的事情，因而总是委曲求全而顺从别人，正因为如此，常常使自己陷入尴尬中无力自拔。事实上，这些尴尬是完全可以避免的。我们在答应别人之前如果预见到可能出现的尴尬，不妨勇敢地拒绝，避免尴尬的事情发生。当然这并不是一件容易的事情，那么，如何用拒绝避免尴尬的出现呢？

1. 避免和有过节的人随便碰面

往往我们和别人有了过节之后，再次见面便觉得分外尴尬，不知道说什么好，尽管双方都不计较了，可是仍觉得很别扭。不说话不合适，说话又不知道说什么好。事实上，如果，得知会遇到对方，便会拒绝这样的碰面。当然，这里并不是说要和别人永远绝交，感情之间的伤害需要时间来治愈，时间久了，彼此淡忘了，再见面就不会尴尬了。但是，短时间之内最好不要见面，以免彼此之间产生尴尬。

比如，你和男朋友刚分手不久，在朋友聚会上如果得知对方也会参加，最好找个理由不要出席，以免见了面不知说什么好。

2. 拒绝谈及有过分争议的事情

一般情况下，对一些有很大争议的事情，往往会让双方针锋相对，发生争吵的机会很大。如果你不懂得拒绝，和别人发生了争吵，再待下去便会觉得百般不舒服。

当别人和你谈及有过分争议的事情的时候，不要随便谈及，也不要随便发表意见。这样，你和别人之间发生矛盾，产生尴尬的机会就会少很多。

比如，聚会上，大家谈及了某个朋友的婚姻。由于每个人的观点不尽相同，你不要随便指责谁对谁错，你只需要静静地听好。朋友不高兴了也不会和你发生争吵。即使别人询问你的看法，你也要学会装糊涂。

3. 人勿轻易尝试不熟悉的事

对于自己不熟悉的事情，不要轻易去尝试。由于你不会，有可能出丑，即使你再谨慎小心，也难免出错。对于一些行家来说，看你的拙劣表演，无疑是在看耍猴。尽管嘴上不说，但是别人在心里都会笑话你。你也会因此而感到难堪。

比如，朋友们一起出去游玩，有人请你玩划艇，你如果不会，那么就要提出拒绝。否则，当你翻身下水的时候，朋友们会拍手哈哈大笑，你就尴尬万分了。

很多年轻人不懂得拒绝，明明可以预测到会发生尴尬，却硬着头皮迎上前，结果不仅自己难受，而且别人也不舒服。事实上，完全没有这个必要，如果你足够的聪明，完全可以避免尴尬的出现。这就需要在不该出现的场合绝对不出现，在不该发表意见的时候对朋友三缄其口，在不擅长的领域不轻易尝试。只要你学会绕着尴尬走，那么，你的生活便会惬意很多。

为自己打圆场，化解尴尬

“为自己圆场是解决尴尬的一大妙方”是说你不小心陷入了尴尬，在没人打圆场的情况下，要迅速巧妙地想办法给自己圆场，给自己台阶下，把尴尬化解。

人是无法预见未来的。连我们自己都不知道在什么时候会冒出来一句让自己尴尬、让别人难受的话来。这时候，如果没有人为你打圆场，你会很尴尬。在这种情况下，要机灵一些，及时为自己打圆场，巧妙地化解尴尬，避免产生不必要的矛盾和麻烦。那么，如果一不小心陷入了尴尬，如何才能迅速地化解尴尬呢？

1. 调侃自己缓解尴尬的气氛

往往幽默能缓解尴尬的气氛。当你因为一时失误而使自己陷入尴尬之后，要迅速地说一句玩笑话，从而让别人觉得你是在开玩笑，而不会和你有过多的计较，同时也会让你巧妙地摆脱尴尬。

比如，别人给你介绍对象，刚见面的时候，你觉得饿了，就说：“咱们什么时候去吃饭呢？”话说出来又觉得不合适，让彼此陷入了尴尬。这时候你不妨调侃一下自己，笑着说：“我这不争气的肚子，让我觉得这辈子就是为了这碗饭而活着。”别人听你这么一说，自然会哈哈大笑，不会觉得尴尬，反倒觉得你平易近人。

2. 转换话题转移别人的注意力

很多时候，当你说了不合适的话，或者做了不得体的事情，让自己陷入了尴尬。这时候，别人的注意力会被你迅速地吸引过来。当然你不能像个木头桩子似的杵在哪里一句话也不说，这样别人会笑话你。如果你能迅速地转移别人的注意力，则能很好地把尴尬化解。

比如，有朋友到你家里来做客，你张嘴就问："伯父伯母身体还好吧？"可是对方的父亲刚刚去世，你这么一问，无疑让自己陷入了尴尬。这时候你要赶紧转换话题，问问对方的妻儿，问问对方的工作，尴尬自然就消除了。

3. 为自己找个说得过去的理由

往往你说错了话，或者是做错了事情，而陷入了尴尬，这时候就要给自己找个说得过去的理由，让别人明白你并不是故意这么说，这么做的，自然也就会原谅你了。

比如，你刚刚被招聘做秘书，老总在问你工作上的一些事情时，你说了不该说的话，引起了老总的不满意而使自己陷入了尴尬。这时候你要及时地告诉老总，你刚来对很多东西都不是很熟悉。这样，老总自然不会过多地责怪你，尴尬自然也就消除了。

很多年轻人在遇到尴尬的时候，往往表现得很木讷，不知道该怎么办。这样，往往让自己更加的难堪，成为别人的笑柄，有时候还有可能因此而产生不可调和的矛盾，事实上，这时候，你要表现得机灵一些，为自己圆场，把尴尬迅速地化解，把自己解救出来，也把别人解救出来。当然这需要一定的技巧和方法，需要年轻人多多学习和借鉴，时间久了，你就会发现自己能游刃有余地化解尴尬了。

正确借助“你、我、他”来表达，能助你避免尴尬

“用对‘你、我、他’而不致尴尬”是说在说话的时候，拿捏好别人的心理需求，正确使用“你、我、他”，以此来温暖别人的心，以达到消除尴尬的目的，最终实现人际关系的和谐。

“你、我、他”看上去只是简单的三个字，但是却表达着不同的从属关系。很多人在表达的时候，往往不注意这些从属关系，从而使自己陷入了尴尬的境地。如果发生了这样的尴尬，那么，解除尴尬的时候还需要纠正“你、我、他”，让别人从你用语的表达中听出你的良苦用心。那么，究竟如何才能用对“你、我、他”，从而解除尴尬呢？

1．多说“我们”少说“我”

一般情况下，“我们”表达的是一个集体，而“我”表达的只是一个个体。如果你说话的时候总是说“我”如何如何，那么让别人感觉到你并不在乎别人，而只是在围绕自己转。别人内心就会不舒服。尤其是在表达集体从属关系的时候，你只表达“我”则会冷落别人的心。

比如，一个领导在员工动员大会上，一个劲儿地说“我”要如何努力，我有什么样的宏伟蓝图，结果员工反应很平淡，连鼓掌的人也没有。这让领导很尴尬。后来他意识到了这个问题，将“我”改成了“我们”，很快，员工开始热烈迎合领导。

2．说话用第一人称

在说话的时候，如果你经常用第一人称“我”，则会让别人感觉到你是在跟他热情的交谈，表达的是对对方的尊重，相反，如果你总是用第二人称“你”或者是第三人称“他”，则会让别人觉得你对他不够尊重，因此和你产生矛盾。

比如，你在表达你的想法和看法的时候，如果说“我认为”“我觉得”别人会觉得是你的意见。如果你说：“他说过怎么样”，则会让对方觉得你是在用别人的话来和他交谈，尴尬自然就产生了。

3．要尽量少用“他”

在表达的时候，如果多用“我”和“你”，让对方觉得你们是当事的双方，如果换成“他”，则表达出对方是排除在两人之外的第三者，关系自然变得疏远。事实上谁也不想成为可有可无的“他”。比如，你在表达对方的表现很好的时候，如果多说“你”，多表达“我”的感受，对方听了觉得和你的关系很近，会很高兴。相反，如果你总是用“他”，则会让别人觉得和你的关系很远，因而内心产生不悦。

很多人在表达的时候，只是想着尽快地把话说明白，却没有注意到往往用错了“你、我、他”，从而让别人内心产生不悦，而让你陷入了尴尬的境地。事实上，用“你、我、他”不同，则表达出不相同的从属关系和距离的远近。尽管是几个字，却能表达出人与人之间的不同情感关系。因此，作为年轻人，在表达的时候，一定要把“你、我、他”使用正确，避免让自己陷入尴尬的境地。

胡乱插嘴，易导致表达中的尴尬情境

“不要让插嘴成为尴尬的起点”是说在别人表达自己的时候，要给予别人尊重，耐心地倾听，等别人把话说完，不要随便打断和插话，以免引起别人的反感，引起别人的不满，而使自己陷入尴尬的境地，带来不必要的麻烦。

在生活中，我们在与人交谈的时候，总是想办法来表达自己的情感，可是说话权却往往掌握在别人的手里。这时候就需要你认真地倾听别人。可是，实际上，很多人在这个时候往往不能耐着性子让别人把话说完，而是采取了插话的方式，打断了别人的表达，引起了别人的不满，从而陷入了尴尬。为了避免尴尬的出现，就需要你在别人说话的时候，不要随便插话。那么，究竟如何才能做到这一点呢?

1. 不妨耐着性子去倾听别人

倾听是对别人的尊重。可是生活中，很多年轻人总是急于想要表达自己，因而在别人说话的时候，总是打断对方。事实上，这样很容易引起别人的反感，因为你打断了他表达的节奏，别人会停下来看着你表达他的不满，这时候你就陷入了尴尬，索性耐着性子听完。

比如，你和同学在讨论数学题的做法，同学正在耐心细致地讲解，你却插话来表达你的意见，同学不高兴，听的人更不高兴了。无疑，这时候你陷入了尴尬。

2. 不要粗暴地抢夺表达权

如果一个人在表达的兴头上，你不顾对方的感受，粗暴地打断对方的话，而只为了尽心地表达你的情感。或许你所说的话能引起别人更大的兴趣，或许正是别人想听的话。可是你却因此让表达者的情绪受到了很大的伤害。如果这时候，别人向你发火，你便会尴尬万分，无地自容。所以，千万不要粗暴地抢夺别人的表达权。

3. 稳定心绪把话说得更适当

很多人往往一高兴，就想表达。不管别人说的话对自己有什么影响，而是尽情地表达一番。殊不知，别人正在表达的否决了他的想法。这时候你的插话不但伤害了别人，还让自己出了丑。比如，同事在讨论一些处理问题的方法，刚刚说过不能用火烧。而你急匆匆地说：我有个建议，用火烧。试想，你这不是在捣乱吗？当别人都看着你的时候，毫无疑问你陷入了尴尬的境地。

很多人都喜欢表达自己。往往不能倾听别人，而是打断别人的表达。尽管对你来说并没有什么大不了的。可是却打断了别人表达的节奏，影响了别人表达的情绪。从而让自己陷入了尴尬。事实上，这时候，如果你能静下心来，认真倾听别人的讲话，则能让你获得别人的尊重，从而避免了尴尬。对于很多年轻气盛的年轻人来说，确实需要一定的努力才能做到这一点。

会自我解嘲是口才的高境界

“智慧地自我解嘲你会运用吗”是说在陷入尴尬之后，要有豁达的心态。迅速地对自己进行自我调侃和解嘲，从而制造幽默，缓解气氛，从尴尬的境地中摆脱，为自己赢得更多的主动。

通常，在陷入尴尬之后，我们都会想办法迅速地化解，但是如果方法采取不当，不但不能巧妙地化解尴尬，很有可能让你成为更大的笑柄。因此，陷入了尴尬之后，不妨采取智慧的自我解嘲，在大大方方地笑话自己的同时，气氛得到了缓解，尴尬得到了解除。从这个角度上来说，自我解嘲，自我调侃是化解尴尬最实用的办法之一。那么，如何用自我解嘲来化解尴尬呢？

1. 拿自己的缺点和毛病开涮

一般情况下，人都比较忌讳别人提及自己的缺点和毛病。但是如果你一不小心说错了话，或者做错了事情，不妨拿你的缺点和毛病开涮，别人会因此哈哈一笑，你的尴尬自然也就解除了。

比如，你在人来人往的街头，突然跌了一跤，别人都会盯着你看，让你尴尬万分。这时候，你不妨说：“幸亏我膘肥体厚，要不然我这屁股就被摔得乱七八糟了。”别人听见你把自己的肥胖说事，自然也就一笑而过了。对你的态度也发生了变化，不再是嘲笑，而变成了开心地笑。

2. 把自己的毛病说成是优势

当你陷入尴尬之后，一定要把你的毛病和缺点说成是优势，这样，你的尴尬便在你的自豪感中变成了幽默，别人也会因为你的反差心理而轻松快乐。

比如，你到朋友家去吃饭，别人刚要吃，你却狼吞虎咽了。大家吃惊地注视着你，这时候无疑让你分外尴尬。你不妨说：“干啥啊？没见过帅哥吃饭吗？没看到我这硕大无比的胃吗？”经你这么一说，别人自然不好意思再和你计较了。取而代之的便是对你的另眼相看。

3. 把出丑说成是难得的享受

当你在别人面前出丑时，往往会很尴尬，因为你成了别人的笑柄。这时候你千万不要因为别人笑话你而感到不好意思，而是要把出丑看成是一种享受。

比如，在冬天，你骑着自行车，突然一下子摔倒了，引起路人的围观。让你尴尬万分。与其不好意思，不如拍拍屁股站起来，说：“第一次和大地亲密接触，这感觉真是太爽了，不但有蹦极的刺激，还有皮蛋炒肉的味道。”别人听你这么说，自然笑着走开了，当然这种笑已经不是嘲笑了。

很多人在遭遇尴尬之后，很想通过自我解嘲打破局面。可是自己的心态却没有调整过来，本来是句很轻松的话，经他一说却让人怎么也轻松不了。事实上，大可不必如此。你已经陷入了尴尬，心情自然不好，但是如果你能迅速地调整心态，你的自嘲会因为你的豁达心态而带有幽默的意味，从而缓解了尴尬的气氛，当你觉得一切都自然的时候，别人也就不好意思再看你的笑话了。

第九章

注重表达，三言两语打动人心

说服别人才能把事办好

善于劝说，是一种极为可贵的能力。在求人办事的过程中，若能掌握一些说服人的技巧，你的努力就会收到意料之外的效果。一个人的说服力并不是一成不变的，它是可以用巧妙的表达技巧来增强的。以下几点，可以帮助你增强说服力：

1．论据要坚实

什么样的论据才有说服力？这是一个很值得重视的问题。一个很基本的要求就是论据要坚实可靠，不可使人产生不信任感。向听者提供切实的资料比提供主张更有力。但对于一个犹豫不决的人来说，资料来源也是很有影响的，并且其影响之深不亚于资料本身。这并非因为人们只信任特定来源而不信任其他的来源，而是因为他们听到引述的话来自十分可信的权威，便不会再为自己的成见辩护。这是一种非常奇妙的心理作用。不过，引述权威的意见也不宜过分，过犹不及。资料太多也可能引起听者的反感。

2．运用经验和例证

善于做劝服工作的人都知道，我们做事受个人的具体经验的影响，远比受空空洞洞的大道理的影响要大得多。对于一个病人来说，如果大夫劝她服用某种特殊药物，那么即使医生再三证明这种药物有效，说了许多的药理知识和道理，病人还是不免心存疑虑。但如果换一种方法，如医生告诉她：我自己也服这种药，只用了一个疗程就大病痊愈了。听了这样活生生的个人体验，病人也不会有所顾虑了。

心理学家莫恩在研究这种方法的效果时发现，成功的推销员往往更多地使用具体的例证向顾客说明——他们现在的选择已有人作过。

不少人认为，说服力很神秘，是一种天赋。实际上，它也是可以学习和提高的。只要你掌握了说服人的技巧，那么你便不怕无法说服他人，你就可以尝到求人办事成功的甜美之果。

3. 站在听众一边

心理学家的研究表明，要改变别人的想法，劝说者必须与听众站在一边，两者的关系越融洽，劝说的话便越容易入耳，因为人类有一个共同的天性，即喜欢听“自己人”说的话。纽约市立大学、布鲁克林学院的心理学家哈斯也说过：“一个酿酒专家也许能告诉你许多理由为什么某一种牌子的啤酒比另一种牌子的要好。但如果你的朋友，不管他对啤酒是否在行，教你选购某种啤酒，你很可能听他的。”

另一位心理学家莫恩在加利福尼亚州的一个海滩上搞了一个传播训练公司。他发现，最佳商品推销员都能模仿顾客的声调、音量和言词，表现顾客的姿态和情调，甚至还能下意识地在呼吸动作上与顾客相协调，好像是一架绝妙的反馈机器，把顾客发出的每一个信号反射回去。

毋庸讳言，这种在具体行动上，甚至是在些很微不足道的方面表现出来的，与你的听众情感一致而产生的亲近感与认同感，往往会使你得到巨大的感情回报和共鸣。而一旦建立了这种情感共鸣，还需要什么苦口婆心地劝诫与说服呢？

4. 考虑听者处境

假如你要到隔壁去，请那里的新婚夫妇参加一项社会公益活动，你要采用什么方法才能引起他们的兴趣呢？

平庸的劝说者可能会直截了当地说一番大道理，而善于劝人者则会先考虑对方的处境，赢得听者的信任。如果对方说自己正为某事烦恼，劝说者便会对他说："我理解你为什么会有这种感觉。要是我处在你的位置，也同样会烦恼的。"这样既表示了对他人的同情，设身处地地为他人设想，并为谈话留下了广阔的空间，巧妙地赢得了对方的注意。

善劝者听见对方反驳自己的话时，也会做出反应，但绝不会反驳。她会把反对的话重复一遍，承认其有道理。研究表明：劝说时，照顾双方的意见，比只提供单方面意见的说服力强得多。

成功办事从表达赞美开始

喜欢听好话、受赞美是人的天性之一。每个人都会因得到他人的赞美使自尊心和荣誉感得到满足。当我们听到别人对自己的赞赏，并感到愉悦和鼓舞时，自然会对说话者产生亲切感，从而使彼此之间的心理距离缩短、靠近。此时若抓住这个时机求人办事，往往是事半功倍。

下面是美国商界中，年薪最早超过百万美元的管理者查尔斯·斯科尔特的故事。

他在 1921 年被安德鲁·卡耐基选拔，成为新组建的美国钢铁公司第一任总裁，而当时他只有 38 岁。由于当时人们收入水平普遍较低，因此这 100 万美元的价值相当高。

为什么查尔斯·斯科尔特能够获得如此高的年薪呢？他是天才吗？当然不是，查尔斯·斯科尔特亲口说过，对于钢铁怎么样制造，他手下的许多人比他懂得还要多。

查尔斯·斯科尔特说，他能够拿到这么多的年薪，是因为他知道跟别人相处的本领，知道办事的诀窍。他说：“我认为，我那些能够使员工鼓舞起来的能力，是我拥有的最大的资产。而能够让一个人发挥出最大能力的方法就是鼓励和赞美。”

只要是人，就都希望获得别人的赞美。没有人喜欢遭到别人的指责和批评。同样的道理，在办事的时候，你要与人打交道，赞美别人就是你求人办事的诀窍所在。

古时有一个说客，当众夸口说："小人虽不才，但极能奉承。平生有一愿，要将1000顶高帽子戴给我最先遇到的1000个人，现在已送出了999顶，只剩下最后一顶了。"有个长者听后摇头说道："我偏不信，你那最后一顶用什么方法也戴不到我的头上。"说客一听，忙拱手道："先生说得极是，不才从南到北，闯了大半辈子，但像先生这样秉性刚直、不喜奉承的人，委实没有。"长者顿时手拈胡须，扬扬自得地说："你真算得上是了解我的人啊。"听了这话，那位说客立即哈哈大笑："恭喜恭喜，我这最后一顶帽子刚刚送给先生你了。"

这只是一则笑话，但它却有深刻的寓意。除了那位说客的机智外，更体现了人们无法拒绝赞美之辞的道理。由此可见，古今中外，要建立良好的人际关系并促成某事，适当地赞美别人是必不可少的。

我们每个人都希望自己得到别人的赞美，而实际上，我们花了很大的精力希望从他人那里得到赏识，而周围充分理解自己言行的人并不多，我们自己也很少评论那些发生在周围的、我们所喜欢的言行。这一点着实令人感到奇怪，因为表示赞赏是非常容易的，不需要任何代价，而在赞美别人后自己得到的回报却是多方面的。

人人都喜欢被赞美。美国著名社会活动家曾推行一条原则："给人一个好名声。"如果你能以诚挚的敬意和真心的赞扬满足他人的认同感和荣誉感，那么他人可能会变得更令人愉快、更通情达理、更乐于协力合作。

迂回表达好办事

求人办事能否成功，关键因素有很多，比如对方的性格、地位、当时的情况等，都是我们要考虑的重要因素。当对方不可能答应的时候，我们就得根据具体情况，采用迂回战术，这往往也是办成事的好办法。

迂回战术在人们的日常交往中常表现为一种策略性的智慧。人的心理往往会有许多不易琢磨之处，如有人想做某件明显不妥的事，若上前阻止的话，他可能就横下心硬是去做。尤其是年龄不成熟的孩子，对待问题和事情往往不能作出正确的判断。

有位教授的儿子在学校挨了老师的骂，回家后就大声说道："我恨这个老师，真想杀了他。"教授听了这句话便说："你若真的这么恨他，杀了他吧。"随后又加了一句："但你要知道，杀死人的人也被处死的，这点你必须考虑到。"孩子听了父亲这几句话后，就打消了报复老师的念头。

迂回战术对于一些防备心较强、心理较为固执的人来说，更是一种极好的应对办法。如上面这个例子，教授先顺着儿子的心理同意他的观点，然后又采用了迂回法，说明儿子做法的后果是他自己本身也会被处死，相信他儿子也不愿意被处死，教授的迂回战术也就成功了。

大书法家梁舟山的书法，风格独特，高雅动人，当时京师中的达官贵人以得梁舟山的书法作品而自豪。一次梁舟山从南方回京师，路过黄河。黄河水势极大，无法渡河，梁舟山被河督留在衙内。河督书房内有笔墨纸张，梁舟山就做消遣书写起来，几天就把厚厚一叠宣纸写了个精光。所书的作品既有大字条幅，也有小楷、小篆。河督办完事回来，看见满屋的字十分不悦地说："这些宣纸，都是我从产地购来，准备进京送人的，你却把它浪费了。"梁舟山十分尴尬。第二天，河督就派人把梁舟山送走了。梁舟山进京后，将这件事告诉好友。好友说："这河督在京做官时，曾托人向你要过字，你没有给他，这次他故意摆上笔墨纸张，给你一个样子，你写了字，他得了墨宝，反而不领情，把你数落一通，这实际上是报拒绝之恨。"梁舟山恍然大悟，悔恨不已。原来，河督正是用迂回的手段获取了梁舟的墨宝。

著名的法国农学家安端·帕尔曼切也通过迂回之法，成功在法国推广土豆种植。他在德国当俘虏时吃过土豆，回到法国后，决意要在自己的故乡培植它。可是花了很长时间他也未能说服任何人。1787 年，他得到国王的许可，在一块出了名的低产田栽培土豆。根据他的请求这块地由一支身穿仪仗服装的、全副武装的国王卫队看守。但只是白天看守，到了晚上，警卫队就撤了。这时，人们受到"禁果"的引诱，每到晚上就来挖土豆，并把它栽在自己的菜园里。

迂回战术并不是高深莫测的，在日常生活中，即使是十岁的小姑娘也会自觉或不自觉地采用这一战术。

十岁的玛吉和妈妈相依为命。为了使玛吉高兴，妈妈答应涨工资就给她买玩具。前不久，老板去度假，委托母女俩照看他家的一条狗、一只猫和一只鹦鹉。老板临回来的前一天，玛吉去给那些小动物喂食物时，她一边喂鹦鹉，一边不断地自言自语："妈妈该涨工资了！妈妈该涨工资了！"这样，鹦鹉也学会了这句话。老板回来自然也听到了这句话。结果妈妈涨了工资，玛吉得到了玩具。玛吉借助鹦鹉学舌的作用，达到了母女俩的愿望，真是个聪明的孩子。

由此可见，以退为进的迂回战术，是一种有效的办事策略。它表面是退缩，实质是进攻，退是为了更好地进。就像拉弓箭一样，先把弓弦向后拉，目的是为了把箭射出去。但运用此法要注意三点：

1. 要知情，知己知彼，方能百战百胜。

2. 要有度，退要适度，进要有力，有如拉弓，过度则弓弦易断，不够则不能把箭射远。

3. 生拉硬扯是不能取得好结果的，只有顺应对方的话题和心态，自然而然，顺理成章，才能退得巧妙，进得有力。

求人办事不要急于求成

在生活中，求人办事是不可避免的，但如果只单凭自己一个人的力量而不顺应时势，借助外人之力，往往难以成功。失败又导致焦躁心理，因为人们在不耐烦时，往往容易变得粗鲁无礼，固执己见，而使人感觉难以相处。这种行为是有害无益的，俗话说："心急吃不了热豆腐。"当一个人失去耐心的时候，同时也失去了明智的头脑。

春秋战国时代，秦国大举兴兵围攻赵国的都城邯郸，赵公子平原君多次写信给魏王及魏公子信陵君，请求魏国援救。魏王派将军晋鄙带领十万大军援救赵国，但又慑于秦国的威胁，便让晋鄙把军队驻扎在邺地等待，观望形势的变化。

平原君向魏国派出使者催促出兵救援，但魏国仍按兵不动，平原君一气之下又给信陵君写了一封信，谴责信陵君见死不救。信陵君接到这封信感到非常忧虑，但无论他采取什么办法游说，都无法说服魏王。信陵君此时真像热锅上的蚂蚁一样，他把自己手下的宾客集中起来，凑集了百余辆车马，想奔赴秦国，与平原君一同战死。

信陵君临行时经过夷门，见到了自己最器重的宾客——看门人侯嬴，侯嬴听了信陵君的慷慨陈词后非但不加鼓励，反而冷淡地说："公子您自勉吧，老臣不能随你一同去了。"

信陵君走出数里，心中很不是滋味，心想我对侯嬴的待遇可算得上周到了。如今我将要去送死，他凭什么连一言半句送行的话都没有呢？信陵君越想越气，就叫宾客停下来等他，他又驾车返回去找侯嬴。

信陵君回来的时候，侯嬴正站在门口等他，笑着说："臣就知道公子会返回来的呀！"

于是，侯嬴向信陵君说出了他心中的计策。信陵君恍然大悟，采用侯嬴之计，利用魏王宠妾如姬窃得兵符，调动了晋鄙的十万大军，解除了秦国对邯郸的包围。

这就是历史上有名的窃符救赵的故事。

有些朋友求人时心急火燎，巴不得对方马上着手就办。如果对方一两天没有什么动静，便有些沉不住气了，一催再催，搞得人家很不耐烦。这也不是求人的正确态度。

也许，对方也有难处，不得不慢慢作打算；也许，他对应承你的事另有安排。一旦求了人家，就要充分相信人家。

由此可以看出，顺应时势，借助外力，请求他人就能以较小的代价成就较大的事情；如果在时机还没有成熟时就勉强去做，则很难奏效。在现实生活中怎么样顺应时势，克服自己的焦躁情绪是求人中应当注意的问题。

怎么样使自己变得耐心一点，在紧张的情况下也保持心平气和呢？也就是说在不同环境下怎么样消除烦躁的情绪，至少对它有所控制呢？

急性子的人都不愿意浪费时间，因此他们把时间安排得很紧，工作中的时间都安排得恰好，不容许有什么延误或什么差错。不过，要想万无一失，最好还是留有一定的余地，你所参加的约会越重要，预留的时间就应越充裕。如果是一场必不可误的约会，那就应该留出大量的时间用作回旋的余地。

你如果感到十分烦躁，无法理清思绪，请运用你的想象力，努力使自己深深地潜入一个宁静的身心环境，进入一个稳定、美妙的境地。一位朋友说："当我感到思绪纷乱的时候，我就努力想象小河岸边那宁静的风景胜地，它常使我的紧张和烦躁情绪消退许多。"

克服急躁，保持心平气和的方法之一是经常检查自己是否常犯这种毛病。如果你的急躁情绪仅属偶然，你的烦躁便自动消失。但如果你总是怒火中烧，粗鲁无礼，那就应该认识到低估对自己是否看得过重了，以至于对任何人或任何事都不愿意等待。

做个有耐心的人不容易，做到平心静气是处世的一种境界、一种气度和一种修养。这种修养一旦形成，对求人办事具有重大作用，也是顺势求人最基本的要求。

表达用“请”，才好办事

生活中我们经常遇到这样的情形，同样一件事，同样身份的人，甲去请人办理则顺顺利利，事情也办得妥妥当当，乙去请人办则困难重重，事情也一塌糊涂。为什么这样呢？有人说这是人的因素，有人说这是办事技巧问题。其实这两种因素都不能排除，请人办事是社交中非常重要的一环，它考验一个人的综合素质，包括做人做事的艺术，其中有很多讲究。但其中最关键的就是要“请”字当先。

一句充满人情味的请求话，比通盘大道理更有说服力，因为人还是比较重情义的。生活中常常可以看到，以适应对方的心理需求而提出诚恳的请求，往往是成功地说服方法。

请求别人，要把握适当的时机，对方时间宽裕，心情舒畅时，提出请求获得同意的可能性更大。再者，如果不是紧急的事，最好是在别人愉快或空闲时提出；当别人情绪不佳或事务繁忙的时候，最好不要打扰别人，因为此时的请求效果可能适得其反。

请求别人办事，无论大事还是小事，都要注重一个“请”字，不要认为是别人“理所当然”的事。如果对人开口称“喂”，闭口称“喂”，那非碰壁不可。另外，对别人的帮助表示感谢应该说得真诚。如你请朋友帮忙找到了一本想要的书，你可以这样说："谢谢了，没有你的帮助，我恐怕不能这么快就看到它。"

所以请求别人，一定要注意礼貌，"请"字当头，因为毕竟是你有求于人，如果请求别人对疑难问题指点迷津，应说："请教您一个问题，可以吗？"你不知道去市体育中心的路，应向路人问："请问到市体育中心的路怎么走？"在商店买东西，你应对服务小姐说："请把那个文具盒给我看看。"风从窗口吹进来，你对坐在窗户边的人说："请关一下窗，好吗？"凡有请求必须用请求语，这样对方容易接受。

请求别人，还要端正态度，注意语气。请求别人虽无须低声下气，但也绝不能高人一等，非得别人答应不可，而应当语气诚恳，平等对待。要用协商的语气，如"劳驾，让我过一下，行吗？""对不起，请别抽烟，好吗？""什么时候有空请跟我打打球，怎么样？"同时，还要体谅对方的心理："我知道这事对您来说不好办，但我实在没有办法，只好难为你了。"

当有客观原因，对方不能答应请求时，你也不要抱怨、愤怒甚至是恶语相加，你还得还礼道谢："谢谢你！""没关系，我再找找别人。""没事，你忙你的去吧。"这样对方在有条件帮忙时肯定会鼎力相助。如果你不能体谅对方，对对方施以抱怨，这等于堵死了再次向对方提出请求的通路。

切不可“病急乱投医”

在《庄子》中有这样一则寓言：有一天，吴王率人登狙山，一群猴子见到有人来，纷纷逃进荆棘丛中。只有一只猴子，在吴王面前搔首弄姿，卖弄乖巧。吴王用箭射它，它反而拨弄箭头，更加肆无忌惮。于是吴王命手下人一齐放箭，把猴子射死了。

这只猴子之所以命丧黄泉，就在于它不分场合，随意卖弄。这则寓言告诉我们，做什么事情都要分清场合，不要死心眼，哪壶不开提哪壶，否则你得罪了人还不知道。说话也是这样，即说话办事时一定要分清情况，看什么人说什么话，不可不分对象、“病急乱投医”。

谈话的语言要视对方的修养而选择，做到能雅能俗，才不会令人有格格不入的反感。谈话的话题应该视对方的情形而定，再好的话题，若不能符合对方的习惯、喜好和需要，都无法引出彼此共同的话题来，只有相互聊得投机，才能设法慢慢地把话题引导进自己所要谈论的范围里。

在日常谈话中，一般人都是说些身边琐事，这或许是想向对方表示亲切。而在正式交谈中，希望你不要把老婆、儿女当作谈话的话题，否则总不免给人以不务正业的感觉。

谈话有时也可以先从政治、经济等比较严肃的题目开始，然后再涉猎到文学、艺术、个人兴趣等比较轻松的话题。总之，将自己的观念、见解堂堂正正地阐述出来，使得彼此都能在思想上产生共鸣，这才是最好的谈话。

一个善于求人的人，一定很注重礼貌，用词考究，不会说出不合时宜的话，因为他知道不得体的言辞往往会伤害别人，即使事后再想弥补也来不及了。相反地，如果你的举止很稳重，态度很温和，言辞中肯动听，双方自然就能谈得投机，求办的事自然也易办成。

所以为了要使对方对你产生好感，必须言语和善，讲话前先斟酌思量，不要想到什么说什么。那些心直口快的朋友平时要多培养一下自己深思慎言的习惯，切不可像随地吐痰似的不看身处何处就脱口而出，那样会影响到自身的形象。

既然要托人办事，大多是因为工作生活出现了困难和危机，比如家人生病、婚姻不睦、事业不顺等等，这些因素都会使人心力交瘁，不仅影响情绪，而且影响和周围人的交往。在处于情绪低潮时，请求别人给予关怀，伸出援助之手，是人之常情。但千万记住，不要把过度沮丧的情绪带到别人面前。托人办事儿，总是一副哭丧脸，会使人感到晦气。

生活中的人各种各样，我们在生活工作中肯定会碰到不一样的人，对不同的人说不同的话，才能达到最好的办事效果。

友好地“赖”住对方

在求人办事的过程中，有时你怀着一片热心找到对方，对方明明能办，可就是找各种各样的借口和理由搪塞、推托或拒绝，搞得你无能为力，无可奈何，无计可施。有些人面对这种情况，脸皮很薄，自尊心强，经不住人家拒绝的打击，只要前进一受阻，他们就脸红，感到羞辱气恼，要么与人争吵闹崩，要么拂袖而去，再不回头。看起来这种人很有几分“骨气”，然而这样只顾面子而不想千方百计达到目的，于事业无益；但也有一部分性格顽强、不达目的誓不罢休的人，他们采用软缠硬磨法，友好地“赖”着对方，甚至赖着对方的地盘，不答应就是不撤退，不把事情办成就是不回头，搞得对方急不得恼不得，最后不得不答应他的要求，他这才鸣金收兵凯旋。

我们在求人时，既要有自尊，又不要过分自尊。为了达到交际目的，有时脸皮不妨厚一点，碰个钉子，脸不红，心不跳，不气不恼，照样微笑与人周旋，只要还有一丝希望就要全力争取，“软磨硬泡”。

“软磨硬泡”的特色是以消极的方式争取积极的效果，通过消耗彼此的时间和精力，给对方施加压力，从而达到影响和改变对方态度的目的。具体说来，软磨硬泡这种方法有如下几种具体的小窍门：

1. 足够的耐心是“软磨硬泡”的前提和基础

当交际受阻出现僵局时，人们的直接反应通常是烦躁、失意、恼火甚至发怒，然而这无助于事情的解决。你应理性地控制自己，采取忍耐的态度。一方面，忍耐所表现的是对对方处境的理解，是对转机到来的期待和对求人成功的自信。有了这种心境，你就能在精神上使自己处于强势的地位，能够方寸不乱，调动自己全部的聪明才智，想方设法去突破僵局，即使消耗一定的时间也在所不惜；另一方面，“软磨硬泡”消耗的是时间，而时间恰恰是一种武器。时间对谁都是宝贵的，人们最耗不起的是时间。所以，如果你以足够的耐心，摆出一副“打持久战”的架势与对方对垒，便会对对方的心理产生震慑。以“泡”对“拖”，足以促其改变初衷，加快办事速度。所以，你要沉住气，耐心地牺牲一点时间，反而可以争取到更多的时间。

2. “软磨硬泡”不仅要能“泡”，还要会“泡”

换言之，“泡”，不是消极地耗时间，也不是硬和人家要无赖，而是要采取积极的行动影响对方、感化对方，促进事态向好的方向转化。

俗话说：“人心都是肉长的。”不管双方认识上的差距有多大，只要你善于用行动证明你的诚意，就会促使对方去思索，进而理解你的苦心，从固执的框子里跳出来，那时你就将“泡”出希望。

3. “软磨硬泡”中要适时巧言攻心

有时候你去求人，对方推着不办，并不是不想办，而是有实际困难，或心有所疑。这时，你若仅仅靠行动去“泡”，很难奏效，甚至会把对方“泡”火了，缠烦了，更不利于办事。如遇这种情形，嘴巴上的功夫就显得十分重要了。要善解人意，抓住问题的症结，巧用语言攻心。话是打开心门的钥匙。当你把话说到点子上时，就会敲开对方心灵的大门。那么你的“软磨硬泡”也就真正起到作用了。

运用这种说服法，需有坚韧的性格才行，内坚外韧，对一时的失败，绝不灰心，找机会反复地找上门去，必然会如愿以偿。需要注意的是，运用此法要有分寸，超过限度，伤害了对方的感情，反而会收到反效果。所以要谨慎处理。软磨硬泡是办难事的一种特殊手段，之所以特殊是因为这一手段如果用好了可以打动对方，一旦用不好也能将事情搞砸。因此，如何在对方的耐心所能承受的最大限度下加以运用，使对方不致生厌恶之心，是“软磨硬泡”的重要技巧。

很多事情往往就在于能不能再坚持一下，坚持下去就会成功，这就需要放下自己的颜面，试着软磨硬泡一下又何妨。

办事交谈有“七忌”

求人办事，最能验证一个人的社交能力，尤其是语言表达能力。在某种程度上说，求人办事的成败，取决于一个人的语言功力，有了良好的口才，合适的话语，就能打动人，好口才是任何人求人办事的第一法宝。然而即使有良好的口才，如果不懂得灵活运用，也不能起到办事的效果。那么办事过程中的语言交谈有哪些忌讳呢？

1. 忌大话

生活中常常见到有的人明明是主动找上门来的，但为了顾全自己的脸面和维护个人的声誉，在介绍情况时，故意把大事化小，难题化易。有的还加上几句“像这样的问题我本来是完全可能解决的，只是由于种种客观原因，所以只好求你帮忙”之类的冠冕堂皇的话，这样求人帮助是没有好结果的。应如实讲明目前所处的困难和自己无力解决的实际情况，恳切地提出要帮助的请求。

2. 忌争辩

你是否喜欢和人争辩，以为你可以用议论压倒对方，并得到很大的益处呢？其实，你不必如此。即使对方表面屈服了，心里也必悻悻然，你一点好处也得不到。好争辩会损害别人的自尊心，因而对方会对你反感，你也因此失掉一些朋友。好胜是大多数人的缺点，没有人肯自认失败的。如果能够常常尊重别人的意见，你的意见也必被人尊重，你所主张的，就很容易得人拥护。你可以实现你的主张，你可左右别人的计划，但不是用争辩的方法来获取。

3．忌质问

用质问的语气来谈话，是最易伤感情的。许多夫妻不睦，兄弟失和，同事交恶，都是由于一方喜欢以质问的态度来与对方谈话所致。除遇到辩论的场面，质问是大可不必的。如果你觉得对方的意见不对，不妨立刻把你的意见说出，何必一定要先来个质问，使对方难堪呢？有些人爱用质问的语气来纠正别人的错误，这足以破坏双方的情感。被质问的人往往会被弄得不知所措，自尊心受到大大的打击。尊重别人，是谈话艺术必须的条件，把对方为难一下，图一时之快，于人于己皆无好处。你不想别人损害你的尊严，你也不可损伤别人的自尊心。

4．忌挑理

千万不要故意地与人为难，有的人专门喜欢表示自己与别人意见不同。这种处处故意表示自己与别人看法不同的人，和处处随声附和的人一样，都是不老实的。口才是你待人处世的一种方法，没有人愿意做一个口才很好却到处不受欢迎的人。不要为了表现你的口才，而到处逞能，惹人憎厌，口才一定要正确而灵活地表现。

5．忌虚伪

对于你不知道的事情，不要冒充内行。不懂装懂是一种不老实的自欺欺人的行为，你知道多少，就说多少，没有人要求你做一个百科全书。即使一个很有学问的人，也未必无所不知。所以，坦白地承认你对于某些事情的无知，这绝不是一种耻辱，相反的，别人会认为你的谈话有值得考虑的价值，因为你不虚伪，没有吹牛。

6. 忌直白

对方谈话中不妥当的部分，固然需要加以指正，但妥当的部分也需加以直接的赞扬，对方因你的公平而心悦诚服。改变对方的主张时，最好能设法把自己的意思暗暗移植给对方，使他觉得是他自己修正，而不是由于你的批评。对于那些无可挽救的过失，站在朋友的立场，你应当给予恳切的指正，而不是严厉的责问。纠正对方时，最好用请教式的语气，用命令的口吻则效果不好。要注意保护对方的自尊心。

7. 忌炫耀

别对陌生人夸耀你的个人生活，例如你个人的成就，你的富有，或是你的儿子怎么了不起。不要在公共场合把朋友的缺点和失败当作谈资。不要老是重复同样的话题，不要到处诉苦和发牢骚，诉苦和发牢骚并不是一种良好的争取同情的手段。